乡村振兴精品教材

新时代乡村振兴战略政策与实践

◎ 何德才　张　红　路明明　于海宁　宋兆文　主编

中国农业科学技术出版社

图书在版编目(CIP)数据

新时代乡村振兴战略政策与实践 / 何德才等主编. --北京：中国农业科学技术出版社，2022.7

ISBN 978-7-5116-5795-4

Ⅰ.①新… Ⅱ.①何… Ⅲ.①农村-社会主义建设-研究-中国 Ⅳ.①F320.3

中国版本图书馆 CIP 数据核字(2022)第 108873 号

责任编辑 白姗姗
责任校对 王　彦
责任印制 姜义伟　王思文

出 版 者 中国农业科学技术出版社
北京市中关村南大街 12 号　　邮编：100081
电　　话 (010) 82106638 (编辑室)　　(010) 82109702 (发行部)
(010) 82109709 (读者服务部)
网　　址 http://www.castp.cn
经 销 者 各地新华书店
印 刷 者 北京富泰印刷有限责任公司
开　　本 140 mm×203 mm　1/32
印　　张 4.875
字　　数 105 千字
版　　次 2022 年 7 月第 1 版　2022 年 7 月第 1 次印刷
定　　价 36.80 元

《新时代乡村振兴战略政策与实践》

编 委 会

前　　言

乡村振兴是我国全面建成小康社会、建成社会主义现代化强国的重要任务。以习近平同志为核心的党中央准确把握现代化建设的规律和城乡关系变化特征，对“三农”工作做出重大决策部署。作为全国第19个指导“三农”工作的中央一号文件，《中共中央 国务院关于做好2022年全面推进乡村振兴重点工作的意见》在“十四五”时期的关键之年，对于稳定农业基本盘，确保农业增产、农民增收、农村增效具有重大的指导意义。

为贯彻落实党的十九大以来的历届全会、历年中央经济工作会议、历年中央农村工作会议和历年政府工作报告等精神，做好“三农”工作，推进乡村全面振兴，根据《中共中央　国务院关于实施乡村振兴战略的意见》和《乡村振兴战略规划（2018—2022年）》，特编写本书。全书共分五章，第一章介绍了乡村振兴的基本内涵；第二章介绍了乡村振兴的实施细则；第三章主要介绍了发达国家乡村振兴的成功经验；第四章对国内乡村振兴模式进行了探索；第五章对2022年中央一号文件进行了解读。

需要说明的是，本书在编写过程中借鉴了很多资料，也得到了很多同行、专家的指导与帮助，在此深表感谢！

因编写时间仓促，且本人能力有限，书中的错误和纰漏在所难免，敬请各位读者批评指正。

编　者

2022 年 6 月

目　　录

第一章　乡村振兴战略的基本内涵

乡村兴则国家兴，乡村衰则国家衰。乡村振兴是建设现代化强国的根本保障。

第一节　什么是乡村振兴战略

乡村振兴，从字面意思理解为通过大力发展乡村的经济文化，使乡村兴盛与繁荣。乡村振兴的内涵包括乡村经济、社会、文化和生态文明在内的全面振兴，既有乡村经济的发展、社会的进步、文化的提升，又有乡村治理体系的创新、乡村生态文明的建设。因此，乡村振兴战略是一个内容十分丰富、涉及领域广泛、目标非常明确的综合性国家级大战略。

乡村振兴战略的二十字方针“产业兴旺、生态宜居、乡风文明、治理有效、生活富裕”，反映出乡村振兴战略的丰富内涵。

一、产业兴旺是乡村振兴的经济基础

乡村的经济基础和生产力水平是决定乡村振兴的重要因素，乡

村一二三产业是否兴旺发达，新六产是否融合发展是衡量乡村振兴的重要指标。在党的十九大报告中，“产业兴旺”站在实施乡村振兴战略的首位，是发展农村生产力的第一要务，不可动摇。在保证国家粮食安全的前提下，加快农业供给侧结构性改革，构建现代化农业产业体系、生产体系和经营体系，培育新型农业主体，坚持质量兴农、绿色兴农。产业兴旺可以有力地推进农业农村发展，为乡村振兴提供物质基础与技术支持。实施乡村振兴战略，就是要紧紧围绕产业兴旺这一主题，加快农村产业发展，培育农业农村发展新动能，以解决工业化、城镇化过程中出现农业结构单一、农村经济萧条，农民收入低下等问题。

二、生态宜居是乡村振兴的关键环节

美丽乡村的外在表现就是良好的生态环境和整洁的村容村貌。生态宜居就是要保存乡土气息、乡村相貌，保护乡村生态环境，实现人和自然的和谐统一。生态宜居就是要重建“望得见山、看得见水、记得住乡愁”，这既是习近平生态文明思想的建设内容，也是人民群众对美好生活向往的具体体现。生态宜居就是要加大对农村基础设施建设，加大对农村生态保护力度，改善农村水、电、路、气、房、讯等设施建设，统筹山、水、林、田、湖、草保护建设，极大改善农村的生产生活环境，建立节约资源与环境保护、产业结构与生产生活方式相适用的城镇化格局，保护好农村的青山绿水，

让人民群众共享良好的生态环境，健康、舒适的生产生活。

三、乡风文明是乡村振兴的文化基础

在乡村的发展过程中，民俗、民风、乡规民约、道德规范等乡村文化逐步形成，同时这些也是中华民族优秀传统文化和农耕文化的重要载体，是乡风文明的重要内容。乡风文明是在挖掘传统优秀文化的基础上，强调创新与发展，注重农民的思想观念、人文精神和道德规范在乡村文明建设中的融合，强调人的全面发展与农村社会的全面进步相适应。乡风文明将农民的思想觉悟、道德水准、文明素养提高到一个新的高度和水平。

四、治理有效是乡村振兴的基本保证

有效治理就是要建立健全党组织领导、政府负责、公众参与、法治保障的现代乡村治理体制，逐渐建成“自治、法治、德治”相结合的乡村治理体系。加强基层党组织建设，强化基层工作，密切干群关系，协调农户利益与集体利益，社会治理重心向基层倾斜，实现政府治理和社会调节、居民自治的良性互动，违法必惩，弘扬社会正能力，建设平安乡村，形成有效的社会治理体系，确保乡村社会充满活力，农民生活安宁、和谐、有序。

五、生活富裕是乡村振兴的奋斗目标

生活富裕就是指农民通过努力有相对稳定的工作收入，达到衣食无忧、经济宽裕，物质文化生活丰富充裕。实现“生活富裕”这一目标，就是要拓宽增收渠道，提高农民的就业质量，增加农民的持续性收入，制定积极的就业政策，加强职业技能培训，多渠道促进农民就业，引导农民创业。推进城乡义务教育一体化发展，让农村孩子享受到平等且高质量的义务教育，提升农村孩子职业教育水平，鼓励其接受高等教育。同时，建立城乡居民基本养老保险制度，完善统一的保险报销制度，确保最低生活保障制度，逐步缩小城乡差距，力争共同富裕。

综上所述，大力实施乡村振兴战略，产业兴旺是根本，生态宜居是基础，乡风文明是关键，治理有效是保障，生活富裕是目标。乡村振兴是以农民对美好生活的向往为导向，以农民的物质文化生活富裕度为根本落脚点，促进人与自然的和谐统一。

第二节　为什么要实施乡村振兴战略

最重要的原因在于两方面：一是我国的基本国情，二是我国经济社会发展现阶段的基本特征。

一、我国的基本国情决定了乡村不能衰败

实践证明，城镇化是一个国家实现现代化的必由之路。从世界范围来看，世界各国的经济发展水平、人口数量、资源状况及社会

制度各不相同，在现代化发展的过程中，城乡人口的分布格局和生产力状况也存在着较大的差异，各个国家的国情不同，发展各异。我国提出乡村振兴，就是从实际出发，将城乡发展统一起来，在现代化的进程中推进城乡格局的发展。

截至2016年，世界上超过1亿人口的国家有13个，其中亚洲有中国、印度、印度尼西亚、巴基斯坦、孟加拉国、日本、菲律宾7个国家，非洲有埃塞俄比亚和尼日利亚2个国家，北美洲有美国和墨西哥2个国家，南美洲和欧洲各仅有1个，分别是巴西和俄罗斯。在这13个国家中，只有美国和日本是经济发达国家，但美国的总人口只有3.2亿，日本总人口只有1.2亿，分别只占我国人口的25%和10%。世界上所有经济发达的国家人口总数大约为10亿，而其中没有任何一个国家人口超过10亿。因此，对于人口总数约14亿的中国来说，没有任何一个国家的城镇化经验可以效仿，没有经验可以借鉴，路该如何走，需要我们自己去探索。

在现代化的进程中，随着城镇化的不断推进，农村人口在不断地锐减，甚至有些村出现了“空心村”，更有甚者村庄已经逐步消失。由于城乡之间在经济、社会、文化及生态等方面存在着一定的差异性，只有城乡之间形成功能互补，消减差异，才能推进国家现代化持续健康发展。我国人口基数大，分布广，有其特殊性，即使乡村人口的比重降到30%以下，但其总量仍将有好几亿人，有这么大群体生活的地方需要建好，也应该建好。如果城乡差距太大，就不能建成惠及全体人民的全面小康社会和现代化国家。因此，不管城镇化发展到什么程度，乡村都不可能被消灭。

习近平总书记 2013 年 12 月 12 日在中央城镇化工作会议的讲话中指出，“在人口城镇化问题上，我们要有足够的历史耐心”。他在 2013 年 12 月 23 日中央农村工作会议的讲话中指出，“必须看到，我国幅员辽阔，人口众多，大部分国土面积是农村，即使将来城镇化水平到了 70%，还会有四五亿人生活在农村。为此，要继续推进社会主义新农村建设，为农民建设幸福家园和美丽乡村”。2021 年 12 月 26 日，习近平总书记在中央政治局常委会专题研究“三农”工作时指出，“应对各种风险挑战，必须着眼国家战略需要，稳住农业基本盘、做好“三农”工作，措施要硬，执行力要强，确保稳产保供，确保农业农村稳定发展”。

另外，在对城镇化问题进行国际比较时，至少要注意三方面的问题。第一，世界各国城镇化的形式不同，既有大集中、小分散的形式，如日本和韩国，日本东京地区居住着约占全国 1/4 的人口，韩国首尔地区居住着约占全国一半的人口；也有大分散、小集中的形式，如德国，有 60%的人居住在两万人以下的小镇上。第二，各国城镇化的统计口径有差异。按世界银行的统计，2016 年日本人口城镇化率为 92%。但是日本认为“市”不能作为人口统计口径，而采用了“人口密度”的指标：每平方千米人口密度达 4 000 人以上、集聚的总人口超过 5 000 人即为“人口集聚区”。目前，日本全国居住在“人口集聚区”范围内的人口，约占 70%。第三，在人口城镇化不断提高的过程中，乡村活力不容忽视，如何保持是各个国家关注的重大问题。如韩国的“新村运动”、日本的“乡村重建”计划、我国台湾地区的“乡村重生条例”等，目前仍在实行。因此，习近平总书记在 2017 年底的中央农村工作会议上指出，“我国实施乡村振兴战略也是为全球解决乡村问题贡献中国智慧和中国方案”。

二、我国发展的阶段性特征要求乡村必须振兴

进入新时代，我国经济经过改革开放的快速发展，经济增长进入了“新常态”，这意味着经济的增速适当放缓，但对发展质量要求更高。那么，我国的城镇化进程也必须适应经济的发展形势，不能依然按照经济高增长的思维惯性开展工作。2017 年我国户籍人口的城镇化率为 42.35%，比常住人口城镇化率低约 16 个百分点，这就意味着有 2.3 亿农业户籍的人口虽已在城镇居住和生活，但尚未落户城镇。解决好这个问题，正如习近平总书记所讲，“要有足够的历史耐心”。

现阶段，我国社会的主要矛盾已经转化为人民日益增长的美好生活需要和不平衡不充分发展之间的矛盾，而这种发展的不平衡不充分，突出表现为农民、农村和农业与乡村发展的滞后不能与现在经济发展相匹配。因此，党的十九大报告提出，要坚持农业农村优

先发展，要加快推进农业农村现代化。

解决我国“三农”问题的主要方法，要靠城镇化，但也不能只靠城镇化。一段时间以来，存在这样一种认识，认为“三农”问题要靠城镇化来解决，只要农民都进了城，“三农”问题就会自然解决。这种认识与我国的实际国情不相符。我国的“三农”问题将会长期存在，农村的发展除了借助外力外，还需要发挥自身内在的活力。由于我国经济的增速放缓，供给侧结构性改革，对劳动力的需求发生了明显的变化，所以农民外出就业的增速也相应减缓。然而，现阶段居民的收入增加，对生活质量有了新的需求，这就为农村新的供给提供了机遇。农民工返乡创业，农村通过发展新六产，实行一二三产业融合等方式，创新发展新产业、新业态。这是农业、农村、农民适应新形势的表现，也是乡村振兴战略的内在要求。改革开放以来，为解决农民就业问题，我国出现过异军突起的乡镇企业、数量庞大的民工潮，而现在需要通过振兴农业产业为农民开辟“第三就业空间”——通过产业融合和发展新产业、新业态为农民在乡村提供主要不依赖于单纯农业的就业岗位。

实施乡村振兴，就必须全面、客观地看待当前农村的发展现状，如农村的“空心化”“老龄化”问题。我国农村各地的情况差别很大，对农村现状的了解必须全面，不能以偏概全、人云亦云。

此外，农业生产有其自身的特殊规律。随着科学技术的不断进步，农业机械化和农业社会化服务体系逐步普及与完善，农民在大宗作物生产上的劳动强度和劳动时间不断减少，老人和妇女比以往任何时候都能胜任农田管理，这使得农村青壮年有更加充裕的时间外出就业，这是在科学技术进步背景下农业生产出现的新特征，也是农业生产自身规律的反映，对农民增收具有积极意义。若农民能够充分利用剩余劳动时间，在农业农村多功能性的基础上创造新的供给，不断满足城镇居民的新需求，这也正是实施乡村振兴战略的本意所在。

【想一想】

1. 乡村振兴主要包含哪些内容？
2. 我国为什么要大力实施乡村振兴战略？

第二章　乡村振兴实施

第一节　乡村振兴的提出

2017 年，党的十九大报告首次提出乡村振兴战略，并将这一战略写进了党章，这是党中央对“三农”工作做出的重大战略部署，成为党中央对“三农”工作的“总抓手”。2018 年、2021 年和 2022 年的中央一号文件，分别以《中共中央　国务院关于实施乡村振兴战略的意见》《中共中央　国务院关于全面推进乡村振兴加快农业农村现代化的意见》《中共中央　国务院关于做好 2022 年全面推进乡村振兴重点工作的意见》为题，对新时代乡村振兴战略的实施与深入推进提出了明确要求。那么乡村振兴是在什么背景下提出的，又是怎样推进的呢？

一、乡村振兴战略的提出背景

中国乡村振兴战略的提出既是对全球工业化和城市化普遍出现

的乡村衰落的回应，也是对中国特色现代化道路的积极探索。其提出具有一定的理论背景、实践背景和时代背景。

（一）理论背景

第七次全国人口普查显示，我国的农村人口已超5亿，乡村是农民的主要活动场所，乡村也是发展农业的基础。因此，我国从古代开始就有对乡村的研究。在我国古代，重农思想是治国理政的核心内容。在近代，党中央围绕乡村的建设，先后出台了一系列土地政策，引导农民开展运动，组织农民建设家乡，对农民进行乡村建设教育，开展整风运动，重构乡村社会秩序。当今世界正经历百年未有之大变局，而我国正处于实现中华民族伟大复兴的关键时期，“三农”问题仍处于我国经济发展的重中之重，这对乡村建设提出了更高的要求，党中央正通过完善体制机制，积极改革创新，采用质量兴农、绿色兴农的方式，以农业规模化、自动化，农村现代化引领乡村振兴高质量发展。

（二）现实背景

新时代乡村振兴战略是中国人民在围绕“三农”问题进行的理论与实践结合的成果，是解决好“三农”问题的“中国智慧”“中国方案”的具体表现。党的十八大以来，中国共产党就将“三农”工作作为党的重要工作，长期坚持，毫不动摇，在理论创新、实践创新、制度创新方面进行了改革，形成了一定的工作经验。在“十三五”“十四五”时期，“实施乡村振兴战略”“优先发展农业农村，全面推进乡村振兴”进入了全面实施阶段，建立起以工补农、以城带乡、工农互促、城乡互补、协调发展、共同繁荣的新型城乡关系，以加快农业农村的现代化进程。同时，随着我国的主要矛盾转变为“人民日益增长的美好生活需要和不平衡不充分的发展之间的矛盾”，这就要求必须解决不平衡、不充分的乡村发展问题，生产要素需要在城乡之间进行流动，以达到有效合理的配置，要实现农业、农村、农民的全面协同发展，破除城乡二元化结构，逐步缩小城乡差距，达到共同富裕。

(三)、时代背景

一是由于我国社会发展的阶段不同，农村发展面临困境。中华人民共和国成立以来，我国经济基础薄弱，发展水平较低。为了快速改变国内落后的面貌，我国实行了改革开放，优先发展工业，尤其是重工业，加速工业化进程。在我国从农业生产向工业生产的转型过程中，城镇化进程也随之加快，大量农村青壮年劳动力向城市转移，通过参与工业生产而脱离了农业，离开了农村，造成农村劳动力严重流失。由于乡村发展缺乏人的参与，导致农业生产效率低下，乡村经济发展相对落后。因而，“三农”问题实质就是乡村发展滞后的问题，我国要实现全面小康社会，就必须实行乡村振兴战略。

二是城乡发展不平衡不充分。目前，我国的城乡二元化结构仍然存在，乡村的基础设施和公共服务相对落后，乡村的生活环境和生态遭到一定程度的破坏，农民的市场意识、竞争意识不够强，农民增收的渠道不够宽等问题，导致在教育、医疗、就业、社会保障等方面城乡存在较大差异。新时代社会主义国家在全面建设现代化的道路上“一个都不能少”，农民作为主要参与人，需要提升，乡村作为现代化建设的主阵地，需要振兴。

三是中华民族伟大复兴的时代所需。2013 年 12 月，习近平总书记在中央农村工作会议上强调，“中国要强农业必须强，中国要美农村必须美，中国要富农民必须富”。2018 年 7 月，他对实施乡村振兴战略做出强调，“要坚持乡村全面振兴，抓重点、补短板、强弱项，实现乡村产业振兴、人才振兴、文化振兴、生态振兴、组织振兴，推动农业全面升级、农村全面进步、农民全面发展”。实现“两个一百年”奋斗目标和中华民族的伟大复兴，必须解决好“三农”问题，这是现阶段我国社会发展的需求，也是中国特色社会主义现代化建设的客观要求。加强美丽乡村建设，缩小城乡差距，提升农民的文化水平和工作技能，打造乡村宜居宜业的生活和生态环境，以促进农业基础稳固、农村产业兴旺发达、农民生活幸福美满。

二、乡村振兴的推进过程

乡村振兴战略的实施是一个不断积累、不断丰富的过程。近年来，党中央推行了一系列措施，助推乡村振兴战略实施。

一是提出“两山”理论，推行“美丽乡村”建设。2005 年 8 月 15 日，在浙江安吉余村，时任浙江省委书记的习近平提出“绿水青山就是金山银山”，给出了正确处理生态环境保护与经济发展之间的相互关系。经济发展要探索生态优先、绿色发展模式，不能为发展经济而牺牲生态环境，不要“带血”的 GDP。同时，党的十六届五中全会提出“美丽乡村”建设，推行“生产发展、生活宽裕、乡风文明、村容整洁、管理民主”的管理要求。党的十七大提出，“统筹城乡发展，推进社会主义新农村建设”。

二是记住乡愁、留住乡貌。按照社会主义新农村的建设原则，新农村建设要符合自然发展规律，要符合农村的发展特点，符合农民的发展要求，要让城市融入自然中，要留住村庄的原始风貌、不搞滥砍滥伐，不搞大建设，只搞大保护，尽可能地在原有村庄的基础上改善农民的生活条件，建设有特色的美丽乡村。要让乡村文化的传承有记忆，保留乡村风貌，留得住乡愁。

三是建设特色小镇，发展乡村旅游。2016 年，《国务院关于深入推进新型城镇化建设的若干意见》指出，充分发挥市场主体作用，推进小城镇发展与特色产业发展相结合，与服务“三农”相结合。同时，脱贫攻坚的一个重要渠道就是发展乡村旅游，将乡村资源转变为乡村振兴的资本，践行“绿水青山就是金山银山”的发展理念。发展休闲旅游、商贸物流、民俗文化、信息产业、科技教育等特色小镇，推进乡村旅游的持续、健康、有序发展。

四是大力推进“田园综合体”示范试点。田园综合体是集现代农业、休闲农业、田园社区为一体的乡村综合发展模式。其主要是通过旅游助推农业发展，促进农业新三产融合发展的一种可持续发展模式。2017 年，我国在 18 个省市推行田园综合体试点，以美丽乡村建设的农民家庭农场或者合作社为主要载体，通过集成科研、旅游、研学、农事体验、景观等功能，实现城乡融合、城乡互动的产业模式，最终实现“村庄美、产业兴、农民富、环境优”的目的。

五是持续推进厕所革命。作为乡村振兴的一项具体工作，厕所革命经过两年多的推进，取得了一定成效。厕所革命不是小事情，是城乡文明建设的一个重要方面，是美丽乡村建设的重要体现。通过厕所革命，农村的生活环境得到较大的改善，提升了乡村的文明程度。党中央在提升民众生活品质、提高民众生活质量方面努力找问题、补短板，这为促进乡村振兴、加快美丽乡村进程提供了强有力的基础保障。

三、脱贫攻坚与乡村振兴的有效衔接

2021 年 2 月 25 日，习近平总书记在全国脱贫攻坚总结表彰大会上庄严宣告，“经过全党全国各族人民共同努力，在迎来中国共产党成立一百周年的重要时刻，我国脱贫攻坚战取得了全面胜利，现行标准下 9 899 万农村贫困人口全部脱贫，832 个贫困县全部摘帽，12.8万个贫困村全部出列，区域性整体贫困得到解决，完成了消除绝对贫困的艰巨任务”。在脱贫攻坚取得胜利后，我国的“三农”工作重心进行了转移，即如何巩固拓展脱贫成果，如何让脱贫的人不返贫、如何在解决温饱的基础上进一步解决富裕问题，从“吃饱”到“吃好”如何过渡？这就需要脱贫攻坚与乡村振兴实现有效衔接。

一是从国家的整体布局上来看，2021年3月22日发布了《中共中央 国务院关于实现巩固拓展脱贫攻坚成果同乡村振兴有效衔接的意见》，对脱贫攻坚取得胜利后的“三农”工作做了指导和要求，脱贫摘帽不是“三农”工作的终点，而是新阶段“三农”工作重心转移后的起点，就是要推动减贫战略和工作体系的平稳转型，把脱贫人口转移到乡村振兴战略中来，实行集中管理，建立长效工作体制，避免治标不治本，通过振兴乡村产业，繁荣乡村经济，使得脱贫地区的经济实力进一步增强，脱贫人口的生活水平进一步提升，城乡差距进一步缩小，促进共同富裕取得新进展。

二是从国家的相关政策来看，推进脱贫攻坚与乡村振兴的有效衔接，重要抓好产业、人才、规划、组织、政策5个“衔接”，即抓好产业衔接，推进产业兴旺；抓好人才衔接，培育振兴队伍；抓好规划衔接，谋划振兴路径；抓好组织衔接，健全领导体系；抓好政策衔接，形成长效机制。在过渡期内，我国政策是对脱贫的贫困县、贫困村及贫困人口“四不摘”，即“摘帽不摘责任”“摘帽不摘政策”“摘帽不摘帮扶”“摘帽不摘监管”，做到“扶上马”“送一程”，做到政策有效结合，总体稳定、可持续，坚决杜绝不发生规模性返贫。通过对现有政策的分类优化与调整，把握好政策调整的时限与节奏，逐步实现由脱贫攻坚向乡村振兴的平稳、有效过渡。

三是从工作重心的转移来看，从脱贫攻坚到乡村振兴的过渡，实际上就是“三农”工作重心的历史性转移。脱贫攻坚是解决温饱问题，乡村振兴是解决富裕问题。“三农”的工作重心由满足全国农民的吃饭问题转移到如何过得好、高质量生活的问题。在各项政策保证下，做好“三农”工作的重心顺利、平稳的转移，是实现乡村振兴的根本前提与基础条件。

第二节　乡村振兴的主体

提及乡村振兴战略，有一个核心问题始终需要回答：乡村振兴为谁振兴、谁来振兴——即乡村振兴的主体是谁？倘若这个问题不搞清楚，则乡村振兴的所有制度和政策路径将失去施加主体和实施主体，到头来，乡村振兴战略得不到有效落实。进行乡村振兴，不论采取何种理论和方法，都要确保传统村落和生活在传统村落中的人这两个载体的存在。说到底，乡村振兴的主体就是生活在传统村落中的人，他们绝大多数以农民的身份存在，而传统村落则是其赖以生存和发展必不可少的场所。随着大量农村人口流入城镇，我国的传统村落大量出现“空心化”的问题，导致农村人口萎缩和人才流失。农村人口的萎缩又进一步加剧了传统村落的消失。有数据表明，在2000—2010年十年间，我国自然村由363万个锐减至271万个，10年间减少了90多万个，平均每天消失80～100个，其中包含大量传统村落。与之相对应的是，有2.25亿农民流入城镇成为进城务工人员。这组数据提醒我们，我国乡村建设的最大问题是没有人。没有人，乡村振兴就是一句空话。因此，生活在乡村中的人，即广义上的农民，才是乡村振兴的主体，只有这个主体回归乡村、建设乡村，乡村振兴才能取得成功。

一、农民作为乡村振兴主体的依据

首先，农民作为乡村振兴的主体符合马克思主义哲学观。历史唯物主义认为，人民是历史的创造者，决定着社会的变革方向。在中国特色社会主义理论体系中，农民始终是革命、改革和发展依赖的对象，始终是解决“三农”问题的作用主体。2018年3月8日，习近平总书记在参加十三届全国人大一次会议山东代表团审议时提出，“要充分尊重广大农民意愿，调动广大农民积极性、主动性、创造性，把广大农民对美好生活的向往转化为推动乡村振兴的动力，把维护广大农民根本利益、促进广大农民共同富裕作为出发点和落脚点。”

其次，农民作为乡村振兴的主体，是全球乡村发展实践中的成功经验。从国外的经验来看，20 世纪 50 年代日本的农村经济更新运动，20 世纪 70 年代韩国的“新村运动”，以及美国、欧洲等发达国家的乡村振兴运动中，均把维护农民利益、调动农民的积极性作为政策制定和实施的重要依据。从国内经验来看，早在 20 世纪二三十年代的乡村建设运动中，就有学者指出解决乡村问题要依靠乡村里的人的观点。改革开放以来，农民更是成了推动农村经济社会发展的绝对主力。进入 21 世纪后，废除农业税、改革农村产权制度和建立土地流转制度等政策的演变均体现出农民的创造力。而乡村振兴战略实施以后各地不断涌现出的新的乡村发展模式，更是体现农民作为乡村振兴主体为乡村的兴旺发达提供内生动力的最有力证明。

最后，农民作为乡村振兴的主体，符合新发展格局下我国乡村发展的现实需求。随着社会的不断发展，当代农民已经解决温饱，实现小康，除吃饱穿暖住好的基本需求外，也追求高品质的精神生活，诉求民主政治权利，要求生态环境优良。要实现农业强、农村美、农民富，满足农民对美好生活的向往，就必须通过完善农村基础设施，在强化农业产业、提升农村公共服务、优化乡村基层治理和保护乡村生态环境等方面做足文章。在这个过程中，必然要充分考虑农民的意愿，调动农民的积极性。

二、农民作为乡村振兴主体的内涵

农民作为乡村振兴的主体，应体现其主体地位，发挥其主体性作用。在此，主体应具有两个层次的内涵：第一，农民是乡村振兴战略实施过程中的受益主体。因为乡村振兴战略的最终目标就是为广大农民谋幸福，让农民充分享受改革发展带来的红利，使农民成为具有吸引力的职业，使农业成为有奔头的产业，让农村成为创造美好生活的家园。第二，农民是乡村振兴战略的实施过程中的行为主体。乡村振兴战略各项政策制度的实施都需要依靠农民的智慧和力量，发挥农民的创造性和主动性。

农民在乡村振兴战略中的主体性体现在多个方面。第一，产业发展方面。产业兴旺是乡村振兴的重中之重，构建现代化的农业产业体系，增强农业产业的竞争力需要依靠农民从业能力的提升、发展思路的转变和创新智慧的注入，同时强化农业产业的最终目的是增加农民收入，使广大农民受益。第二，文化建设方面。农民是乡村优秀文化的承载者和践行者，在广大农民身上能够体现出乡村农耕文化优秀的价值观念、道德规范、处世方式和传统技艺。而这些优秀的无形或有形的文化形式，必须通过广大农民继承和发扬，成为优秀中华文化中重要的组成部分。第三，生态宜居方面。只有引导广大农民在生产、生活、消费等各方面向绿色健康的方向转变，使其深刻理解“绿水青山就是金山银山”的绿色发展理念，才能从根本上实现塑造美丽乡村，实现农业绿色可持续发展的目标。同时，广大农民也能够切实感受到新发展理念带来的巨大效益，促进其自觉践行，形成良性循环。第四，基层治理方面。基层组织的建设依靠的是广大农民，服务的也是广大农民，只有广大农民积极参与到其中，才能为基层治理注入源源不断的活力。

三、农民作为乡村振兴主体的困境

改革开放以来，我国的“三农”工作取得了巨大的成就，特别是党的十八大以来，党中央把“三农”工作作为党的中心工作，不断增加支农惠农力度，使得乡村经济社会发展水平显著提高。但由于诸多因素的影响，农民作为乡村振兴主体的作用并未充分得到发挥，制约了乡村发展内在动力的形成，主要表现为以下方面。

第一，农民作为乡村振兴主体的自主性失衡。主要表现为农民对参与政治的积极性不高以及经济发展收益不均。如今，乡村基层治理的法治化、民主化水平不断提高，农民的参政议政意识和水平也得到了一定提升，但与乡村振兴战略的要求相比，农民参与基层政治活动的深度、广度和有效程度仍存在较大的上升空间。很多农民将参与政治活动当作一种获得经济利益的方式，对基层民主政治建设缺乏主动深入的了解。同时，由于制度构建不够完全，农民在与上级政府的沟通中出现了集体失语的现象，更加加剧了农民对于参政议政的冷漠心理和消极态度。另外，多数农民仍限制于自身素质水平，仍采取传统的农业经营方式，在产业体系中处于利益分配的最底层，无法及时获得市场供求信息，缺乏定价权以及对农产品流通的主导权，使得农民不能充分享有市场收益，成为市场中的弱势群体。上述原因均严重削弱了农民主体地位的确立。

第二，农民作为乡村振兴主体的能动性失调。主要表现为土地产权收益的缺乏以及外出务工身份的模糊。在目前的制度体系中，农民承包的土地、宅基地等存在权属不明确的现象，很多农民无法通过土地这一稀缺资源获得对等的收益。近年来，我国开始逐步完善农村承包土地的“三权分置”制度，积极探索宅基地的“三权分置”制度，为提高农民的土地增值收益提供了制度保障，但这些政策的完善和落实仍需要长时间的探索和积累。另外，农民进城务工后，成为城市与农村间的边缘群体。在农村，他们虽然拥有土地承包权和宅基地使用权，但长期在城市工作生活使得他们留在乡村的土地资源处于闲置和浪费状态，自身无法获得相应的收益；在城市，他们也无法获得与城市居民同等的教育、医疗、社会保障等待遇。上述原因成为制约务工农民群体发挥主体能动性的不利因素。

导致农民主体作用缺失的原因有很多。如长久以来根深蒂固的小农意识、城乡二元体制的束缚、基层治理体制不健全、碎片化经营等均影响了农民主体作用的发挥。在乡村振兴过程中需要逐步解决上述问题，使农民主体地位逐步得到加强。

第三节　乡村振兴战略的实施阶段和思维运用

要推动乡村振兴，应当坚持党中央提出的“三步走”方略，坚

持运用“三大思维”，分阶段、有层次地推动各项工作切实落地。

一、乡村振兴的“三步走”方略

2017 年 10 月 18 日，习近平总书记在党的十九大报告中明确提出了乡村振兴战略。在之后的中央农村工作会议中，又对乡村振兴战略的实施进行了具体的部署，将乡村振兴战略的目标任务分为三步走：到 2020 年，乡村振兴取得重要进展，制度框架和政策体系基本形成；到 2035 年，乡村振兴取得决定性进展，农业农村现代化基本实现；到 2050 年，乡村全面振兴，农业强、农村美、农民富全面实现。乡村振兴的“三步方略”为我国乡村振兴战略的实施提供了作战时间表，全面规划了乡村振兴的路径和方法。如今，乡村振兴战略已实施 5 年，在这 5 年之中，围绕“产业兴旺、生态宜居、乡风文明、治理有效、生活富裕”的二十字方针和“产业振兴、生态振兴、文化振兴、人才振兴、组织振兴”的五大振兴内容，中央和地方各级政府部门制定了一揽子乡村振兴政策措施和规划方案。2020 年底，我国如期完成了农村贫困人口的全部脱贫，打赢了脱贫攻坚战，标志着乡村振兴战略的实施取得了重要进展，达成了“三步方略”中第一步的目标。当前，乡村振兴战略正向着第二个目标稳步迈进，在不断取得重大成绩的同时，我们也应清醒地认识到，我国农业生产方式仍较为粗放，供给侧矛盾仍将长期存在；城乡差距仍然较大，乡村基础设施建设和公共服务水平仍需进一步提高。要想系统地解决上述问题，就要在乡村振兴“三步方略”的安排下，在每个阶段有侧重、有针对性地解决问题。

（一）第一阶段：构建制度框架，实现全面脱贫

乡村振兴战略实施的第一阶段，中央和地方各级政府十分注重对制度的完善。习近平总书记对乡村振兴做出了一系列重要论断和批示，系统性地阐释了重大理论与实践问题，指明了乡村振兴战略实施的正确方向。2018 年以来，中央连年发布一号文件，部署乡村振兴的具体任务，确保重点突出、落实到位。建立了乡村振兴战略实施的领导责任制，采取中央统筹、省负总责、市县抓落实的工作机制，党委和政府一把手是第一责任人，五级书记抓乡村振兴，确保了乡村振兴任务的层层压实和有序开展。与此同时，中共中央、国务院还印发了《乡村振兴战略规划（2018—2022 年）》，为乡村振兴战略的实施提供了依据。对标国家规划，各省、市、县也出台了各自的乡村振兴规划或实施方案，有序推进各地乡村振兴。经过持续建设，各项制度措施围绕乡村振兴形成了相互联动的制度整体。2021 年，国家颁布并实施了《中华人民共和国乡村振兴促进法》，成为首部以乡村振兴命名的基础性、综合性法律。各部门根据该法的各项规定，对配套的各项规章条例进行编制和修订，使乡村振兴的要求转化成为具有操作性和考核性的具体制度措施。

在乡村振兴战略实施的第一阶段，我国还取得了脱贫攻坚的全面胜利。第一，我国在历史上首次整体消除了绝对贫困，现行标准

下农村贫困人口全部脱贫，贫困县全部摘帽，贫困村全部出列，特困地区区域性贫困得到解决。第二，贫困群众的生活水平明显提升。截至 2021 年，脱贫地区农民人均可支配收入达到 14 051元。“两不愁三保障”全面实现，脱贫群众吃穿不愁，住上安全房，教育、医疗问题得到有效解决，特殊困难群体福利水平得到提高。第三，从根本上扭转了脱贫地区的落后面貌，生产生活设施得到显著改善。通过建设公路铁路、开通客车邮路、覆盖供电、通光纤和 4G、普及自来水等措施，解决了贫困地区的生活问题。通过高标准农田建设、培植新产业等举措，提升了贫困地区农业产业的可持续发展能力。第四，脱贫群众的精神风貌得到改善。通过脱贫攻坚，提高了脱贫群众的主人翁意识和脱贫致富热情，形成了争先创业的良好氛围，逐步觉醒了市场、科技和创新意识。脱贫群众精神面貌开始焕然一新，同时带动了贫困地区文明健康的社会风气。第五，脱贫地区基层治理能力得到提升。300 多万名第一书记和驻村干部先后奔赴脱贫攻坚一线，使得农村基层党组织在脱贫攻坚中得到锤炼，党群关系更加紧密，村民自治更加高效，群众参与基层治理的主动性得到提高，形成了听党话、感党恩、跟党走的坚定信念。同时，脱贫村集体经济收入得到大幅提高，平均每个村都超过 12 万元，村级组织服务群众的能力得到提高。脱贫地区基层管理服务体系日益完善，形成了和谐稳定、充满活力的发展新气象。

（二）第二阶段：坚持系统推进，解决重大问题

自 2021 年开始，乡村振兴进入系统推进的第二阶段。在此阶

段中，要在现有的制度构架下开展全方位、综合性的乡村建设，走出一条中国特色社会主义乡村振兴道路。利用15年的时间，系统解决城乡关系重构、集体经济振兴、现代农业体系打造、乡村生态宜居、乡村文化重振、乡村治理体系完善等重大问题。

城乡关系重构方面，应推动城乡融合发展。在推进城镇化发展和城市繁荣的同时，促进城市资源向乡村流动，实现城乡在人才、政策、资源、环境等方面的双向互动，最终形成城乡融合发展的机制体制，实现城乡一体化发展。将交通革命作为城乡关系重塑的重要内容，使农民参与到更大范围、更加多样化的社会分工之中，获得更大的市场效益。集体经济振兴方面，通过探索集体经济实现模式，优化农村基本经营制度。在农村土地集体所有、家庭联产承包经营和统分结合双层经营体制的基础上，创新土地经营方式，构建符合市场经济要求的集体经济实现形式，保护农民权益，壮大集体经济，推动实现共同富裕。现代农业体系打造方面，应通过农业供给侧结构性改革改变农业发展质量差、效益低、竞争力弱和农民收入低的现状。在保证粮食安全的基础上，推进农业结构改革，打造规模化经营与社会化服务结合的现代农业经营体系。同时，充分利用乡村生态文化资源和互联网等新技术推动乡村一二三产业融合，拓展农民增收渠道和就业途径。乡村生态宜居方面，要秉持绿色发展理念，推动人与自然和谐共生。加强乡村生态环境保护和环境污染治理，统筹好山林田湖草的协调发展。注重乡村基础设施和公共服务水平的提升，打造生态宜居的乡村环境，吸引更多人才留在乡村。乡村文化重构方面，挖掘传统农耕文化中优秀的人文价值和精神内涵，提升农民的精神风貌和思想道德水平，提升乡村文明程度，实现乡村物质文明和精神文明双丰收。乡村治理体系完善方面，应注重现代治理理念与传统治理资源的结合，通过完善基层自治制度解决矛盾，通过法治和德治相结合的方式化解纷争，实现治理能力提升。探索政府、社会、公众、村民多方参与的自治机制，实现乡村社会的善治。

（三）第三阶段：重塑乡村精神，取得全面胜利

按照乡村振兴的“三步方略”，到2035年，我国将基本实现农业农村现代化，而后进入乡村振兴的战略决胜阶段。在此阶段，将根据乡村实际情况对发展策略进行调整，并对前两个阶段未解决的问题进行解决。在此阶段，应重点关注乡村文化、生态以及社会治理方面的问题，通过人才引育、基础设施完善升级、教育培训、文化素质提升、思想道德引导等多种方式提升乡村内在竞争力，为乡村发展注入持续的、内在的发展动能。此阶段应注重乡村文化对乡村发展的引领作用，通过乡村文化的塑造和引领使乡村生态环境、社会治理得以补充完善，形成人与自然、人与社会的良性互动，实现乡村物质和精神的全面振兴。

二、推动乡村振兴应具备的“三大思维”

在推动乡村振兴的过程中，中央从全局角度系统性地规划了乡

村振兴的总体布局和总体战略，制定了发展目标。在实现总体战略和目标的过程中，应坚持运用如下思维，确保乡村振兴战略的稳步实施。

（一）底线思维

底线思维是改革开放以来中国社会主义建设的重要理论创新，能够为国家发展和个人成长提供指导。底线思维最初在 2013 年由习近平总书记提出，强调从坏处准备，力争最好结果，把主动权牢牢把握在手中。底线思维是改革开放以来中国特色社会主义建设过程中重要的理论创新之一，在国家建设过程中被广泛应用。

目前，我国乡村面临着产业薄弱、生态脆弱、文化荒芜、治理低效等一系列的“底线冲击”，在乡村振兴战略推进过程中，应当坚持底线思维，运用系统的逻辑和方法针对上述“底线冲击”进行逐一击破，保证乡村振兴战略的不断推进。

第一，要守住乡村的“产业底线”，促进农业产业兴旺。要坚持 18 亿亩耕地红线不突破、高标准农田建设持续加强的底线；要坚持粮食安全的底线，确保我国谷物基本自足，把饭碗牢牢端在自己手中；要坚持保障农民公平享有土地增值收益的底线，不断提高土地出让纯收益用于农业和农村的比重。

第二，要守住乡村的“生态底线”。乡村振兴过程中，必须处理好经济发展和生态资源的关系。其准绳和底线在“绿水青山就是金山银山”理念（即“两山”理念）之中得到充分体现，即坚持生态优先、绿色发展，经济的发展决不能够以牺牲生态为代价。必须加强我国的生态空间保护，确保生态空间面积有增无减；必须坚持乡村环境的综合治理，特别要加强农村污水和垃圾的处理；必须推进厕所革命，提高卫生厕所的普及率。

第三，要守住乡村的“文化底线”。面对乡村文化日渐式微的风险，必须加强乡村公共文化建设，坚持开展移风易俗行动，保护和传承乡村文化。应当采取加大文化投入、加强文化基础设施建设、加大乡村文化传承力度、保护传统村落、加强文化宣传等方式，确保乡村文化振兴。

第四，要守住乡村的“政治底线”。必须坚持乡村改革的底线，如坚持土地公有的性质、土地家庭承包的体制不动摇，确保乡村改革的正确方向；必须坚持党管农村、党管农业的底线，确保党在农村工作中统揽全局的地位，为乡村振兴提供坚实的政治保障；必须完善农村的基本经营制度，落实土地“三权分置”制度，确保土地承包关系长期稳定。

第五，要守住乡村的“民生底线”。目前，我国现行标准下农村人口已全部脱贫，贫困县全部摘帽。下一步仍需坚持底线公平和共同富裕的原则，继续夯实“两不愁三保障”巩固脱贫成果，守住不发生规模性返贫的底线。必须坚持优化和完善农村养老制度，缩小城乡养老差异。必须完善收入分配机制，缩小城乡收入差距。

（二）发展思维

发展是解决我国一切问题的基础和关键。在乡村振兴战略实施的过程中，面对新的挑战和机遇，也必须以发展的思维贯穿始终。需要指出的是，发展必须坚持科学化，坚持贯彻创新、协调、绿色、开放、共享的发展理念。

乡村是我国的农业生产区域和主要的人口聚集地，是农民十分重要的生存空间，拥有与城市同等重要的地位。当前城乡发展和收入差距仍存在较大差距，只有通过发展才能消除城乡差距，实现共同富裕。坚持发展思维主要体现在以下几个方面。

1. 坚持绿色发展

坚持绿色发展应当深刻把握“两山理论”的内涵，清醒意识到生态和绿色是乡村永续发展的根基和命脉，将生态绿色的理念贯穿发展的始终，实现粗放发展向可持续发展的转变，实现保护与发展的辩证统一，只有如此才能让绿水青山永存，才能让绿水青山创造金山银山。

2. 坚持全面协调发展

乡村的振兴并非是仅仅实现某一个、某一部分乡村的兴旺就能够达到，它关乎的是所有乡村的发展。就覆盖面而言，一个乡村也不能掉队。就发展领域而言，应当包含产业、环境、文化等各方各面。乡村振兴处于国家发展的基础地位，其发展要放到整个国家发展的大局之中进行谋划，不但要解决城乡发展不协调的矛盾，更应当找到脱贫攻坚和乡村振兴的结合点，坚持农业农村优先发展，坚持聚焦产业优先发展，实现脱贫攻坚与乡村振兴的有效衔接。

3. 坚持开放和创新发展

发展离不开科技创新和开放合作。当前，互联网的兴起使地域时空对经济发展的限制大大降低，使得偏远地区的乡村能够借助互联网平台找到巨大的商机。利用互联网这一开放、免费的商业和服务平台，通过网络营销、网上学习为乡村和农民提供销售机会，获取商业利润，获得宝贵的学习资源，引导农民形成产业思维走上科技种田的道路，构建农业生产、加工、运输、销售的全产业链，实现农业产业的转型升级，为乡村产业的振兴注入核心动能。

4. 坚持共享发展

当前，城乡发展存在较大差距，城市聚集了更多的资源、技术和人才。这就需要秉承共享发展的理念，通过政策引导城市的资源、技术和人才向乡村流动，通过共享经验、共享科技成果、共享资源资本、共享人才的方式，提升乡村的发展水平和竞争力。另外，共享发展还有发展成果人人享有、公平分配的内涵。乡村振兴的发展成果必须通过科学合理的分配，更多、更公平地惠及所有农民，维护好最广大人民的根本利益。

（三）转化思维

转化思维在“两山”理论中具有十分深刻地体现。乡村振兴关键要做到产业发展与生态保护的有机统一，在保护中发展、在发展中保护。这就需要将“绿水青山”转化为“金山银山”。在此过程中，如何做好转化的文章至关重要，即将生态优势转化为经济优势，使“绿水青山”真正转化为“金山银山”。

第一，要确定生态价值的转化路径。生态价值转化有两条基本路径：生态产业化路径，即直接转化路径，对于能够直接进行市场化交易的生态资源或产品可采取此种路径进行转化；产业生态化路径，即间接转化路径，对于无法直接转化的生态资源，通过相关联的产业赋予其兼职，形成生态溢价和市场价值。

第二，要建立生态价值的转化机制。生态价值转化机制有三种：政府机制，主要针对直接转化存在困难且具有公共性质的生态价值，应发挥政府的作用进行转化；社会机制，通过社会资源和力量，利用生态公益基金、激励性转移支付等形式促进生态价值的转化；市场机制，通过生态资源和其他要素的市场化配置，实现生态价值的转化，是生态价值转化的主要机制。

第三，要建立生态转化价值的共享机制。乡村生态价值的转化最终应实现全民共享。不仅包括“绿水青山”的共同享有，还包括转化后的“金山银山”的共同享有，使其成为农民增收的重要途径。为此，应十分重视生态价值转化过程中资源生态产权与治理制度建构中效率与益贫的相互协同。要充分利用政府产业和公共政策的杠杆，使乡村生态振兴和价值转化包容并惠及广大农民。通过大力推行资源资产化、资产股份化、股份合作化改革，引导企业和合作组织带动小农户和贫困农户发展，实现乡村生态振兴中小农户、贫困群体绿色和可持续发展。

第四节　乡村振兴面临的挑战与实现路径

自习近平总书记在党的十九大报告中提出乡村振兴战略以来，全国各地和各级政府都在积极推进乡村振兴，使乡村振兴战略落地见效。实施乡村振兴战略成为新时代“三农”工作的总抓手，“三农”作为战略后院，是国民经济发展的压舱石和稳定器，只有全面推进乡村振兴，促进“三农”的健康、稳定发展，才能全面建成小康社会，实现中华民族的伟大复兴。

一、乡村振兴面临的挑战

乡村振兴是一项系统性工程，是人力、物力、财力的有机结合，是人才、资源、战略的有效统一。在促进乡村振兴的过程中还面临诸多的问题和挑战。主要表现在农民收入水平依然偏低，持续增长困难较大，在农民增收问题中，最突出的短板是农民经营性收入总量偏低，最大的挑战是农民工资性收入增速放缓；农村一二三产业发展不够深入，第一、第二产业的发展不够充分，大部分农村地区以提供原材料为主，并不进行深加工，无法取得更高的经济收益，也会降低原材料的利用率，第三产业发育不足，服务意识不够，不能将乡村的价值发挥到极致，从而不能达到利益最大化；一些农村产业结构单一，农民生产没有积极性，也无法取得很好的效益，乡村产业发展中缺少专业性人才，不管是在生产技术，还是在管理、经营、销售等方面都需要有专业的人才进行操作；乡村传统思想受到冲击，乡村风貌发生了巨大变化，乡土文化特色遭到破坏；乡村治理主体能力弱化，乡村治理效率亟须提高；农村人居环境与群众的期盼还有距离，乡村生态破坏与环境污染的风险还较大；乡村自我发展意识薄弱，“等、靠、要”的被动输血式发展大量存在，政府需要投入大量的人力、物力、财力维持乡村的缓慢发展，经营乡村的理念还未普遍形成。

二、乡村振兴的实现路径

（一）以农业为基础，发展新产业、新业态，促进农村一二三产融合发展的路径

十九大报告指出，构建现代农业产业体系、生产体系、经营体系，促进农村一二三产业融合发展。要以绿色发展理念为引领，转变农业发展方式，实现农业提质增效，大力推进农业现代化。

产业是乡村发展的根本，产业是整个社会发展的关键性因素，只有产业结构的不断调整和制度的不断完善，才能够让我国乡村的发展更上新的台阶；当前信息技术革命在社会各领域的全面渗透和深度应用，农业新的产业结构会被不断催生，面对这些新业态的产

生和新的经济发展趋势，不能因循守旧，而是坚持发展导向，敢于突破传统的经营理念和陈旧的思维模式，在产业结构调整实施过程中，要找准产业发展方向，重点打造更高效、更生态、更智慧的农业产业。

农村不等于农业，农村不能只发展第一产业。农产品加工业是农业和工业的连接纽带，是实现农村经济又好又快发展的关键；应注重高附加值的农产品的生产和加工，延伸农业产业链；发展“精细加工”的农村农产品加工业，能够有效助推农业增效、农民增收；鼓励农村内部的专业大户、农民专业合作社、家庭农场等将农产品进行深加工，把农业附加值留在农村内部；采用政府贴息的方式鼓励农村新型金融主体扶持农产品加工业发展，探索新型的抵押贷款模式，扩大抵押范围，加大金融支持力度，扩大融资渠道；搭建平台，寻找机会，经常组织农产品加工业主体参加各种考察、学习、研讨、参观活动，开阔眼界和培养创新意识，寻求科研单位成果和农业相关专利技术，通过技术指导或者技术合作的方式为农产品加工业提供技术支持。同时，针对有工矿、商贸、旅游基础的乡村，充分发挥其资源优势，推进农业与新工业、互联网、旅游、养老等深度融合，建设现代农业公园等新业态。

促进一二三产业融合无论是对农民增收还是社会经济发展都有重要的影响。促进一二三产业融合有以下几方面的发展路径：一是全面深入认识一二三产业融合。产业融合是顺应城乡一体化的趋势，是解决城乡长期割裂、三大产业“各自为战”、农业产业链利益分配不均的问题。二是明确各利益分享主体的角色定位。实现农民、家庭农场、农业合作社、农业企业等相关农业经营主体的利益共享、风险共担、互惠共赢。其中，资本在三大产业融合的实践过程中具有重要的地位和作用，既要充分利用资本缓解三产融合的资金压力，补齐农村技术、管理、人才等短板，也要防止资本的趋理性带来的非农化倾向。三是整合和发展农村产业项目资源。随着乡村振兴工作的推进，农村也出现了一些大大小小的产业项目，但项目与项目之间缺乏科学的规划和全局统筹，项目与项目之间的重叠降低了资金的使用效率。整合农村产业项目资源，做好顶层设计关系着三产融合的效率。四是搭建有效的载体和平台，建设配套的返乡创业园、现代农业产业园、农业科技园等园区，发挥集聚效应和规模效益，为乡村三大产业融合聚集信息、人才、项目、科技、基础设施等资源。

（二）以注重乡村乡土性，保留原始风貌，复兴乡土文化的路径

乡村振兴，乡风文明是重要保障。乡村乡土文化是我国数千年农耕文明的智慧结晶，具有悠久的历史气息，包括风土人情、田园风光、传统技艺、建筑遗址等，都有较高的保护价值。随着城镇化进程的快速推进和乡村振兴战略的全面铺开，乡村传统思想受到冲击，乡村风貌发生巨大变化，传统技艺面临遗失，乡土文化特色遭到破坏。

促进乡村振兴不仅要保护好乡土文化，还要将其不断地发扬光大。乡土文化保护首先应该与村落景观建设结合起来。我国每个村庄都存在着其独特的村落景观及文化，也是每个村庄最珍贵的财富，所以对传统村落景观研究与保护，探索乡土景观发展的不同形式，不但可以为乡村的未来发展提供参考，助力乡村振兴战略的实施，还可以保留住中国村落景观的多样性。基于乡土文化进行乡村景观设计时，要以有形的乡村文化为切入点，最大程度保留原有乡村空间布局，以乡村为载体传承优秀乡土文化资源，避免过度开发，合理利用，确保绿色生态可持续发展。政府在进行乡村规划建设的过程中应重视保护传统古建筑、古村落，保存原始风貌和生态肌理。

为保护优秀乡土文化，应在保留乡村社会价值体系和集体情感记忆的基础上，深入发掘乡村背后的故事和文化基因，扶持发展各类乡村文化产业，以此弘扬传统民俗，保护传统乡村技艺，加大对农村新时代优秀文化的传播力度，重视保护优秀的乡村传统文化，切实推动乡村精神文明建设，依托地方传媒平台、乡村广播、村庄微信群等媒介，大力弘扬新时代的优秀文化，传播优秀人物事迹；通过乡村干部的定期上门走访交流，逐步去除乡村的落后思想和不良风气；对传承传统美德的先进个人和家庭进行表彰，树立积极典范，促使农民自觉保持乡村传统美德；建设乡村文化服务站，积极推动文化下乡，加大乡村文化公共服务供给，满足农民的文化需求。

深入乡村寻访留存的传统手工技艺，努力保存和发展“一村一品”的乡村本土特色，在保留原有手工技艺的前提下，对产品进行融合创新；将改良后的手工产品在城市中销售，使得传统手工技艺、背后的村落故事及其文化内涵以产品的形式传承与发展。

乡村振兴战略对新时代乡风文明提出了的新要求，推进乡风文明建设不仅为农村实现全面振兴提供了思想保障，还能解答农村在文化建设过程中遇到的新情况，更重要的是为乡村振兴提供源源不断的动力。在当下，我国经济呈现出高速发展态势，人民社会生活发生了巨大变革，农民思想也饱受市场冲击和外来文化的影响，农村封建迷信思想有所抬头、部分家庭存在不良风气、农民攀比之风日渐盛行、村级文化组织建设相对薄弱、干部群众对乡风文明建设存在认知偏差等。因此，加强农村思想道德和文化阵地建设，培育社会专业人才助力乡风文明建设，有利于改善农民的精神面貌，调动农民群众的生产积极性，焕发农民的精神新风貌。

乡风文明建设是农村多要素系统化的工程，需要结合国内外地区的优秀经验，在政府的统一规划领导下，坚持农村基层党组织引领，逐步提升农民自治水平，激发农民参与公共事务的激情，积极开展移风易俗和婚丧礼俗整治，创新群众性精神文明活动，转变农民观念，提高其科学文化素质；积极弘扬良好正能量家风，家风能使家族忠孝、和睦、尊老爱幼的家族文化和淳朴民风代代相传，是

强化乡风文明的内核；传承和发展民族民间传统体育，广泛开展形式多样的农民群众性体育活动，调动农民的参与积极性，减轻日常劳作的辛苦感和压力；强调农民的民主和守法意识，加大农村的普法力度，提高普法质量，在遇到乡村的矛盾纠纷时避免暴力行为；要保护好农耕文化，发挥其在凝聚人心、教化群众、淳化民风中的重要作用；不断探索传统村落的治理模式，保留完整乡村文化遗产，保护传统文化的根源，把民间民俗文化遗产作为一项重点工作来抢救，编纂乡村史志，成立文化保护区，积极培育农村文明乡风，打造乡土的、健康的、休闲的、历史的乡村，使乡村成为守望乡愁的重要场所。

（三）以创新乡村治理体系，激活乡村力量，培养新乡贤为主的路径

实现乡村振兴，加强和改进乡村治理既是重要内容，也是重要基础和保障，没有乡村的有效治理，就没有乡村的全面振兴。十九大报告指出，要加强农村基层基础工作，培养造就一支懂农业、爱农村、爱农民的“三农”工作队伍。加大农村基层干部培养力度，加强村党支部阵地建设，不断提高党支部谋划乡村治理工作的能力，加强村党支部的乡村治理议事规则建设，充分发挥基层党建的引领作用和村集体、农民的主体作用，积极搭建新乡贤与乡村社会结构有机融合的平台，构建兼具乡土性与现代性的现代乡村治理模式。

要实现乡村治理体系和治理能力现代化，需要创新乡村治理体系，走乡村善治之路；建立健全党委领导、政府负责、社会协同、公众参与、法治保障、科技支撑的现代乡村社会治理体制。坚持高起点，以系统化思维谋划乡村治理，形成一套科学的政策制度框架，健全自治、法治、德治相结合的乡村治理体系；建立工作机制，定期会商、研究措施、解决问题；创新工作方式，创立核心价值观宣传基地、法治乡村普法基地，农村扫黑除恶成果警示基地，向乡村下沉警务力量、农业综合科技服务力量、医疗卫生服务力量等，推动乡村治理体系建设向纵深发展，有效激发乡村治理的生机活力；树立样板模式，公开学子榜、域外人才榜、军人光荣榜。乡政府应创新村民参与平台建设，发挥互联网的优势，积极探索智慧治理，大力推广现代智慧化的治理模式与生活方式，不仅能为农民谋福祉，也有利于全面提升农民的法治理念，减少乡村中治理争议的发生，支持农民利用网络表达自己的诉求，乡政府积极主动地回应农民的诉求，形成良性互动的局面。

乡村振兴不是简单地给予式的帮助，要把乡村人的利益考虑好，多培养乡村能人，多给予政策支持，调动他们的积极性和热情；尊重群众的选择权，让农民选出他们认可的新乡贤，带领他们解决困难，治理村务，让农民在解决问题时多多交流、在互相启发中迸发出集体智慧，最大限度地将个人面临的困难转化为集体面对的问题，集思广益，这是重新培育集体主义的温床，也是把群众组织起来的方法之一。要把“老乡”的思维方式摸透弄清楚，遵循他们的思路去引导，自下而上，上下联动，从而激活乡村自身的造血能力。

在创新乡村治理体系的实践中，乡政府应振兴乡村产业，吸引外流农民回村，优先解决与群众生活密切相关的重大问题，打造多元共治新格局；同时，乡村治理必须紧跟社会主要矛盾转化和国家治理现代化的大局需要，回应乡村“治理有效”的内部诉求，融入“以人民为中心”的治理理念。通过多种形式将农民凝聚起来，每个成员在相关事务中有了明确的生产目标和生活目标，才能真正地激发各方面的积极性。

（四）以吸引社会力量参与乡村建设，树立乡村经营理念为主的路径

实现乡村振兴，既要发挥政府的主导作用、依靠农民自己勤奋劳动，更需要全社会的关心和支持。各种社会力量的参与和支持，是乡村建设的重要力量和重要资源。探索充分发挥社会力量的独特优势在促进乡村建设发展中的落地路径，鼓励和引导社会资金与技术力量参与新农村建设，通过社会组织，将域外的政府资源、社会资源和企业资源与乡村治理、社会和经济发展相匹配，用资源赋予的方式推动乡村振兴。在资源对接完成以后，若要最大化利用这些资源，则需要提升其品质，一是对队伍成员持续培训和教育，构建乡村领军人物联盟，提升领军人物的号召力；二是培育专业技术队

伍，以期对乡村现状和乡村振兴政策能有更好地把握，能更好地将专业技术应用到乡村建设中；三是通过资源链接和能力培育，为乡村振兴战略的有效实施提供坚实的保障。

从立法的层面为社会力量在参与乡村建设的过程中提供法律和政策保障，以便更好地激发投身乡村建设的企业家的积极性，有效激发社会力量参与，推进社会力量在乡村建设、经营、宣传等各方面活动走上规模化、集成化的可持续发展道路，不断完善社会力量参与乡村建设的利润分配制度，依法加强对参与乡村建设的社会企业的资金来源、经营活动的监督管理，进而持续助推社会力量参与乡村建设的健康可持续发展。不断增强社会力量的社会认可度与美誉度，进而吸纳更多的传统工商企业和公益组织向社会力量方向转型发展，共同参与到乡村建设中，逐步形成良性示范效应。

党的十九大报告提出实施乡村振兴战略，完善农业支持保护制度，发展多种形式，适度规模经营，培育新型农业经营主体，进一步强化了“经营”思维在农业、农村地区的重要作用。乡村拥有着大量的特色物产、地域文化、生态景观和其他“沉睡”的资产，在保护的基础上，亟须进行战略经营来落实乡村振兴。在此发展机遇下，“经营乡村”应运而生。“经营乡村”需要对所有的资源进行梳理并重组优化，充分利用现有有形资产，包括乡村的涉农产品、土地、山林、河湖水系、景区景点等，探索乡村的无形资产包括土地的使用权、特许权等；生态资源是乡村地区的最大亮点，也是城

市人群最为向往的，在保护的前提下进行资源开发与利用，加速美丽乡村的推进，实现乡村价值的再次提升；塑造特色产业支撑，将乡村资源价值最大化；深入挖掘乡村地区的乡风民俗，凸显地方特色，打造乡愁文化；塑造乡村经营品牌，良好的品牌效应必然促进人才流、资金流、信息流的集聚，也必然提升乡村的附加值，加快乡村的进一步发展，农民亦可获得更多的“品牌红利”。

总之，在乡村振兴的大背景下，积极培育农村新产业、新业态、新模式，保持农产品加工业稳中增效，发展休闲农业和乡村旅游，注重乡村乡土性，保留乡村特色原始风貌，复兴乡土文化，创新乡村治理体系，激活乡村自治力量，吸引社会力量参与乡村建设，运用经营的思维提升发展品质，必将全面实现乡村可持续性发展和乡村振兴。

第五节　乡村振兴如何在基层落地实施

2020 年底，习近平总书记在中央农村工作会议上指出，脱贫攻坚取得胜利后，要全面推进乡村振兴，这是“三农”工作重心的历史性转移。乡村振兴战略决策确定之后，战略指向的政策便是决定因素。因此，乡村振兴战略的落脚点、着力点和突破口的关键是政策能否在基层落地，这事关我国农业农村现代化能否顺利推进，更影响第二个一百年的目标能否实现。

一、乡村振兴政策的制定和执行必须站在农民的立场

政策的制定和执行无疑必须具有党的宗旨这个大局观，因为推进乡村振兴的根本目的是为了农民的利益，也只有这样才能赢得广大农民群众的拥护，这也是乡村振兴政策的制定和执行的生命线。回顾历史，21 世纪第一个中央一号文件出台时，农民欢欣鼓舞，由衷感谢党和政府，对党的拥护是发自内心的。那么，如何站在农民的立场来考虑政策的制定和政策的执行呢？

我国乡村幅员辽阔，历史文化传统、经济发展水平、区位资源禀赋、年龄性别结构、群众现实需求等各有差异，不可能采取一成不变的实施方案。如何运用政策，需要理论与实践相结合的创造性探索，在实际工作中绝不可以一切照搬本本来简单地抄作业。特别是对于落实到千家万户每一个农民身上的政策，如果不顾客观实际强行推行“一刀切”，一旦偏离就会危及很多农民的切身利益甚至会给不少农民带来困难，也无疑会危及党群干群关系与社会稳定。

而如何把政策要求与各地具体情况相结合呢？党的十八大之后，习近平总书记在 2013 年出席中央农村工作会议时的讲话就深刻指出，“小康不小康，关键看老乡。一定要看到，农业还是‘四化同步’的短腿，农村还是全面建成小康社会的短板。”“中国要强，农业必须强；中国要美，农村必须美；中国要富，农民必须富”。2018 年，习近平总书记在山东考察时，明确要求，“农业农

村工作，说一千、道一万，增加农民收入是关键”。如果没有增加农民收入，农民生活得不到改善，再好的政策也是一句空话，再扎实的工作也是白费力气。

第一，乡村振兴必须坚决贯彻以人民为中心的发展思想。如果政策的制定和执行还或多或少地夹杂着部门利益、小团体利益以及个人利益，又缺乏底线、良知、情怀，一旦部门利益与群众、基层利益冲突时，假如选择以部门利益优先，与个人利益冲突时，又假如选择以个人利益优先，就必然滑向背离人民群众的道路，伤害了人民群众的感情，也必然损害了党和国家的利益。

党的十九大提出实施乡村振兴战略，将其作为新时代“三农”工作的总抓手，是适应我国社会主要矛盾转化的客观需要，解决新时代社会主要矛盾的必然要求。中国特色社会主义进入新时代，我国社会主要矛盾已经转化为人民日益增长的美好生活需要和不平衡不充分的发展之间的矛盾。解决发展的不平衡不充分问题，加快推进农业农村现代化，千方百计增加农民收入，才能最终实现全体人民的共同富裕。乡村发展的本质是人的发展，乡村振兴的根本目的是为了让人民过上更加美好的生活，必须以人民为中心实施乡村振兴战略。在各地乡村振兴实践中，判断一项公共决策是否科学合理的根本标准，在于是否从人民群众特别是农民的利益出发，能否让人民群众特别是农民共享实实在在的发展成果。只有那些充分考虑农民利益，把广大农民获得感、幸福感、安全感放在第一位的公共决策，才能真真切切地体现出以人民为中心的发展思想。

第二，对农民的法定权利应始终保持敬畏之心。脱贫攻坚取得胜利后，要全面推进乡村振兴，这是“三农”工作重心的历史性转移。乡村振兴是全体农民的共同责任。历史唯物主义认为，人民是历史的创造者，是社会物质财富、精神财富的创造者和社会变革的决定性力量。必须坚持人民主体地位，依靠人民创造历史伟业。实施乡村振兴战略作为新时代“三农”工作的总抓手，事关党和国家事业全局与广大农民的根本利益，必须坚持农民主体地位，紧紧依靠农民来推动。必须深刻认识到，广大农民是乡村振兴的根本力量，他们的积极性、主动性、创造性是乡村振兴的内生动力。实施乡村振兴战略，必须坚持以广大农民为主体、动力和依靠，广泛汇聚广大农民的智慧和力量。

脱贫攻坚本来就是公平优先，如果是效率优先，就很难想象会花这么大力气来扶贫，把钱投向偏僻而贫困的落后地区。从政治上考虑就是民心工程，就是为了最广大人民的利益，让党和人民群众永远紧密联系在一起，也就需要把好事做好。而实现公平的前提条件就是让政策的执行得到人民群众公认，符合人民群众的意愿。尊重农民意愿进行民主决策，需要上上下下反复协商，表面上效率很低，但程序正义保障了决策结果的正义，带来社会的公信力也使执行的效率大幅度提高。如果没有通过人民群众公认的程序，就很难让人民群众认同结果的正义。凡是尊重村民自治的民主决策程序交由农民决定的，农民意见都不大。

在实行民主决策、民主管理、民主监督的过程中，可以以村民小组为单位开会征求、收集农民的意愿，也可以通过微信、短信以及互联网平台全方位征求、收集农民的意愿，经过党员组长会议形成初步方案，再提交村民代表大会、村民大会，进行公开透明地决策。

二、要从贯彻新发展理念的高度强化农民主体地位

2021 年 2 月，习近平总书记在党史学习教育动员大会上指出，“历史充分证明，江山就是人民，人民就是江山，人心向背关系党的生死存亡。赢得人民信任，得到人民支持，党就能够克服任何困难，就能够无往而不胜”。因为最大多数人的利益是最紧要和最具有决定性的因素，是马克思主义的基本观点，也就必然要求把制度变革与建构落实到实现人的全面发展与社会全面进步上来，这也是马克思主义政党的基本立场。乡村振兴实施过程中，党的领导、政府的支持、市场的推动、社会的关心和农民的参与缺一不可。当前尤其需要提高农民在乡村振兴中的责任意识。只有当全体农民意识到自己在乡村振兴中的责任并且勇敢地、自觉地来承担自己的责任，乡村振兴战略才能真正激发出全体农民的主动性、积极性和创造性。乡村振兴只有确保农民的受益主体地位，把维护农民群众根本利益、促进农民共同富裕作为出发点和落脚点，才能使产业发

展、生态建设、文化建设和社会治理等活动不偏离乡村振兴的初衷和目标，才能真正提升农民的获得感、幸福感、安全感。

随着“三农”工作重心的历史性转移，我国社会进入了全面推进乡村振兴的新发展阶段，贯彻新发展理念就必须把“以人民为中心”这一最具基础性、广泛性的社会发展理念落实到乡村振兴的农民主体地位上来，才能构建农业高质量发展、农村高效能治理、农民高品质生活的农业农村现代化新发展格局。乡村振兴必须真正把群众说了算落到实处。“把农民拥护不拥护、支持不支持作为制定党的农村政策的依据”绝不是一句空洞的口号，而应当贯穿乡村振兴全过程。乡村振兴干什么、怎样干、干得怎样，都要由群众说了算，要充分相信基层群众的判断能力。真正把群众说了算落到实处的前提是基层政务公开，应进一步推广村级事务“阳光公开”监管平台，逐步建立“村民微信群”“乡村公众号”等，推进村级事务即时公开，加强群众对村级权力有效监督，确保群众的知情权、参与权、表达权、监督权。真正把群众说了算落到实处的关键是完善决策机制，应着力打通基层协商“最后一公里”，让基层群众借助议事会、恳谈会、听证会等平台，全过程参与到乡村决策中去，实现让民做主、由民做主，而不是为民做主、替民做主。

十八届三中全会进一步强调了有序政治参与在国家治理现代化进程中的重要作用，指出要“从各层次各领域扩大公民有序政治参与，充分发挥我国社会主义政治制度优越性”。在全面推进乡村振兴中，必须毫不动摇地按照党中央提出坚持农民主体地位原则这一政治要求，保障和支持农民在乡村社会的主体地位以实现人民群众当家做主，是“江山就是人民，人民就是江山”落实到国家政治生活和社会生活之中的最直接体现，是贯彻“以人民为中心”新发展理念的根本要求，也是乡村振兴的出发点和落脚点。乡村振兴不是坐享其成，等不来也送不来，要靠广大农民奋斗。只有使广大农民群众真正成为乡村振兴的主体，才能激发农民的主体积极性。

全面小康路上一个都不能掉队，全面建设社会主义现代化国家也不能落下农业农村，这是现代化进程中必须面对和处理好的重大问题。2021 年中央一号文件强调，把乡村建设摆在社会主义现代化建设的重要位置，全面推进乡村产业、人才、文化、生态、组织振兴，充分发挥农业产品供给、生态屏障、文化传承等功能，走中国特色社会主义乡村振兴道路。要强化以工补农、以城带乡，加快形成工农互促、城乡互补、协调发展、共同繁荣的新型工农城乡关系，投入更多的资源和力量优先发展农业农村，确保农业农村在现代化进程中不掉队、同步赶上来。只有立足自身抓好农业生产，以国内稳产保供的确定性来应对外部环境的不确定性，才能“任凭风浪起，稳坐钓鱼台”。必须始终从巩固执政基础、维护国家长治久安的政治高度，来重视和看待“三农”工作。

实现中华民族伟大复兴要把握扩大内需这个战略基点，加快培育完整内需体系，农村市场空间广阔、潜力巨大、大有可为。一方面，农民生活水平的提高，农业农村现代化步伐的加快，将会释放巨量的消费和投资需求。另一方面，随着城镇居民对绿色优质农产品、乡村休闲旅游等物质产品和非物质产品需求的不断增加，生态涵养、体验休闲、文化传承等多功能得到开发，形成需求牵引供给、供给创造需求的良性发展格局。只有城乡经济循环加快畅通起来，国内大循环才能成为一个充满活力的循环系统。

群众路线体现在乡村振兴实践中，不仅包括一切为了群众，还包括一切依靠群众。面对错综复杂的现实问题和实际困难，基层群众往往能够找到最佳路径。突出农民的主体地位，应进一步明确农民既是乡村振兴的受益者，也是主力军，把广大农民对美好生活的向往转化为促进乡村振兴的动力，激发农民主人翁意识，发动和组织农民积极投身乡村振兴实践。尊重和支持农民首创精神，善于从基层发现推进乡村振兴的实招硬招妙招，通过就地培养、吸引提升等方式，发展壮大一支爱农业、懂技术、善经营的新型职业农民队伍。培育和筛选一批善于学网懂网用网的“新农人”，帮助他们开展更多正能量、高质量、有流量、促销量的助农直播，为本地特色农产品、特色旅游插上“云翅膀”。地方政府应增强服务意识，提升服务水平，畅通智力、技术、管理下乡渠道，引导和推动各类要素和资金参与乡村振兴。

乡村振兴必须坚持因地制宜、循序渐进的科学工作方法，即空间维度上的因地制宜和时间维度上的循序渐进。我国幅员辽阔，地区间差异性大，呈现出不同发展水平、不同发展阶段的特征，不可能一个目标、一个模式齐步走。要因地制宜，甚至因户制宜、因人制宜，不能刻板地“一刀切”。应理性看待地区间差异，综合考虑本地经济社会实际情况，充分尊重乡村发展规律和基层群众现实需要，制定符合当地的实施方案。应认识到乡村振兴是一项长期艰巨的系统工程，必须坚持规划先行、统筹兼顾，把实际困难想到前面，把科学论证放到前面，把与群众充分沟通做到前面。应注重特色、分类实施、精准发力、有序推进，一步一个脚印地开展各项工作，要适度超前而不能盲目冒进，要量力而行而不能相互攀比。做好试点工作，及时总结经验和不足，积极探索可复制可推广的乡村振兴新模式。

乡村振兴为了谁、谁说了算、依靠谁、怎么干？归根结底在于人民群众，尤其是当地的农民。坚持农民主体地位，维护广大农民根本利益、促进广大农民共同富裕，就一定能够保证乡村振兴战略落地见效、行稳致远。

第三章　发达国家乡村振兴的成功经验

在全球的许多国家中，城镇化是拉动经济增长、提高公民生活水平的主要发展道路。在城镇化的过程中，不可避免地会出现乡村经济社会发展的衰退。2018 年以来，经济全球化进程放缓甚至倒退，贸易保护主义和单边主义持续蔓延，国家和地区间的投资和知识信息流通受到限制，全球治理空前弱化，农业和乡村改革停滞不前，2020 年新冠肺炎疫情在全球的蔓延更为未来的经济发展蒙上了一层阴影。在错综复杂的发展格局下，城市和乡村的发展均面临着不同程度的冲击。乡村作为各个国家中发展滞后的部分，在巨大的冲击下抵御风险的能力更差。放眼全球，国家层面经济增速的降低对许多地区乡村劳动力的生计影响巨大，在一些公共服务不足的乡村，出现了高死亡率、粮食缺乏、营养不良等一系列问题。因此，乡村振兴是困扰人类社会永续、平衡发展的全球性问题。

在乡村发展面临巨大挑战的同时，也包含着许多发展机遇。乡村发展的核心问题是如何如实现乡村经济社会的可持续发展。

放眼全球，在历史发展进程中，一些发达国家在发展乡村产业、构建公共服务体系、治理乡村生态环境、保障粮食安全和饮食营养、促进就业等方面取得了一定的成果，积累了丰富的实践经验。基于此，本章将总结不同国家如何根据自身乡村发展特点，因地制宜取得乡村发展，为推动我国乡村振兴提供借鉴和启示。

第一节　发达国家乡村振兴发展历程

随着人类社会的不断发展和经济科技水平的不断提高，乡村发展的程度对国家整体的经济社会发展产生了十分显著的影响。乡村作为农业产业的主要区域，为第二、第三产业提供了基础性的物质支撑，乡村发展落后，将对一个国家的工业和服务业产生十分不利的影响，进而对国家的国民经济发展产生严重的制约。目前，世界发达国家为改善乡村生态生活环境、提高乡村产业水平、增加农村居民收入、缩小城乡差距，均率先开展了乡村振兴的探索与实践，取得了较好的效果，积累了丰富的理论与实践经验。例如，20 世纪 50 年代日本的“新农村建设”、英国的“乡村农业发展”、德国的“乡村地区发展”、美国的“基于可持续理念的乡村规划建设”，20 世纪 70 年代韩国的“新村运动”等。总结主要发达国家乡村振兴经验，均经历了乡村基础设施改善、乡村产业发展模式转变和乡村思想改变 3 个发展阶段。

一、乡村基础设施改善阶段

在本阶段中，各发达国家均开展了兴建道路、水利设施、电力设施以及通信设施等基础设施建设项目，改善乡村的交通、水电和通信条件，从而提高乡村的整体生活水平。如 20 世纪六七十年代的德国、20 世纪 70 年代的日本以及 20 世纪七八十年代的韩国。

以日本为例，加强乡村基础设施建设贯穿日本乡村振兴的始终。1965 年，日本出台了《山村振兴法》，其中明确规定了通过修建道路、水电和污水排放等设施改善乡村生活环境。1977 年，日本进行了第三次全国综合开发规划，规划中提到了“定住圈”的概念，即强化乡村生活设施的建设以提高乡村魅力。1999 年，日本农林水产省根据《食物、农业、农村基本法》的要求，开展农村居住环境的提升。一是开展由政府主导农村综合治理项目，根据各地乡村实际特点进行乡村老龄人福祉基础设施完善、居住环境改善、资源循环利用、环境整治、文化建设和乡村生活设施改善等；二是开展由民间主导的新造村运动，进行乡村交通设施维护、饮水设施改造、生活污水处理设施建设、防火设施建设、活动中心和信息中心建设等。日本在乡村基础设施建设过程中，十分注重对太阳能、风能、水能等清洁能源的使用，使乡村生态环境和景观得以保护和改善。与此同时给予相关企业财政补贴、低息或免息贷款，激发了相关企业投身乡村建设的积极性。

二、乡村产业发展模式转变阶段

在本阶段，各个发达国家通过政策引导和项目扶持，重点开展农业产业相关设施的建设和完善，大力发展乡村民宿旅游等与农业相关的第三产业，促进农业及相关产业的绿色发展，增加乡村居民收入，提高乡村经济活力。如20世纪70年代的德国和日本、20世纪七八十年代的韩国、20世纪90年代的美国等。

以韩国为例。自20世纪70年代开始，韩国政府即对乡村的农田设施进行改进，通过修筑堤坝和灌渠等完善了灌排条件。同时，韩国通过农业科技推广，大力发展复合农业、特色农业和畜牧业。20世纪80年代初，韩国开始注重发展农业相关产业，主要是利用乡村的自然和文化资源发展文旅产业、非农产业和副业。通过推行“六次产业计划”，推动乡村一二三产业的融合发展，使得韩国乡村在种植业的基础上，衍生出农产品加工业、农业旅游业和服务业等第二、第三产业。例如，通过实施“农户副业企业”计划，培育和扶持了一批从事手工业和副业生产的农户。通过“新村工厂”计划，以一村一厂为目标，以乡村特点为依据，设立纺织厂、食品厂、机械厂、电子厂等工厂，延长乡村产业链。2000年后，韩国注重将互联网与乡村产业结合，发展电商、休闲农业等产业，并注重绿色低碳产业的发展和绿色生态理念的培育，实现了经济发展与生态保护相互促进、共同发展的新局面。

三、乡村思想改变阶段

在本阶段，各个发达国家均开展了乡村启蒙行动。通过在乡村建设图书馆、文化会馆等文化教育场所，提升乡村教育水平，使农民的知识水平、文化素质、技术能力和精神面貌得以提升，并借此培育了一批农业专业技术人才，为乡村的可持续发展提供了人才支撑。如20世纪70年代的德国和日本、20世纪80年代的韩国、20世纪90年代的美国。

以德国为例。德国十分重视对农业人才的培养，其农业教育最早可追溯至19世纪中后期。从农业教育体系的结构上，德国的农业教育主要分为高等教育和职业教育两部分。农业高等教育由研究型和技术型大学中涉农院校和院系承担，研究型大学培养高水平的农业人才，技术型大学则负责培养从事农业生产、管理、服务的实践性人才。德国的农业职业教育则颇具特色，以覆盖面广、类型众多、专业丰富、学制灵活著称，根据专业需要进行选择。在农业职业教育中，德国采取“双元制”的方式，参加农业职业培训的人员需在职业学校和企事业单位两个场所进行，在职业学校进行专业知识学习，在企事业单位接受职业技能培训，从而实现理论与实践的有机衔接。为了促进农业发展，持续培养农业人才，德国成立了农业委员会，这个农业发展组织集合了对德国农业结构十分精通的专家学者，使德国的农业教育政策与农业发展十分契合，保障了德国农业人才培养与农业生产需求的完美适配，避免了学而无用现象的发生。同时，德国农业实行行业准入制度，从事农业相关工作不仅需要获取学历，还需要获得国家颁发的职业资格证书。德国政府对农业教育的高度重视使德国的农业从业者长期稳定在 110 万人，仅占德国总人口的 2%，且素养极高，能够胜任工业 4.0 驱动下的农业机械化、自动化的生产模式，使得农业劳动生产率大大提高，1 个农民能够供养 140 人。有数据表明，德国的农民人均收入可达 30 万美元以上，成为令人羡慕的好职业。

第二节　发达国家乡村振兴的实现路径

回顾美国、德国、日本、韩国等发达国家的乡村振兴实现路径，基本遵循了 3 条逻辑路线，首先是政府自上而下的顶层设计，然后是自下而上的广泛参与，最后实现上下互动的充分融合。这 3 条路径相互促进，相互交融，推动了乡村经济社会的不断发展。

一、自上而下，政府完善顶层设计

自上而下的路径主要采取规划先行、立法管理的方式进行。国家和地方政府根据乡村的实际情况制定发展规划，并通过立法为乡村振兴的顶层设计提供坚实的法律和制度保障，主导或引导乡村振兴工作有效推进，并确保相关政策的延续性。总体而言，关于乡村振兴的顶层涉及重点关注了乡村的基础设施建设、产业发展、生态环境、乡风文明等方面的内容。

具体而言，在基础设施建设方面，通过一系列政策和立法支持，使乡村在住房、水电、燃气、交通、网络等方面缩小与城市的差距；借助教育补助、治安基金、金融服务计划等政策提高了乡村的生活保障；在惠农和支援乡村政策的支持下，投资主体进入乡村带动了劳动力市场，使乡村就业多样化，促进了乡村的增收。在产业发展方面，推行耕地保护、规模化经营、精准化智能化农业管理等措施提高农业生产效率和科技含量，同时注重农业与第二、第三产业的融合，发展高效农业、共享经济、农业手工业、乡村文旅等多元化的生产经营模式，依靠创新型人才的支撑实现乡村产业的振兴。在生态环境方面，在发展乡村经济产业的同时，注重对生态环境的保护，通过设置国家公园、乡村公园、生态保护区等方式保护乡村的土地、林地、湖泊等自然资源，并对代表性的乡村文化特色建筑进行保护、修缮和适当开发，同时通过立法规范垃圾和污水处理，保证乡村的生态宜居。在乡风文明方面，通过对乡村特色自然和人文环境的保护，营造具有浓厚乡村特色的自然和人文景观，以此构建文明乡风。

二、自下而上，权力下放推动社区广泛参与

在自上而下推动乡村发展的同时，各发达国家还通过自下而上

的方式调动乡村社区广泛参与到乡村建设中，形成了村庄评估、地方赋权、公众参与的发展模式。

村庄评估指的是由乡村社区和社区成员对本乡村的农业、环境、基础设施等方面进行全面的调查评估，厘清乡村发展历史，发现目前存在的问题，并确定未来发展方向。在这个过程中，能够发现乡村存在的突出问题，确定乡村建设的现实需求，找出乡村发展过程中的优先事宜和目标资源，并通过乡村委员会及相关法定机构推动，解决乡村发展问题。在乡村评估的过程中，实现了乡村社区成员的广泛参与，调动了乡村建设的内在动力。

地方赋权指的是地方政府通过赋予社区合法自治的权利，建立政府与社区的协作机制，使社区主导建设方案的实施和管理，激发社区自治的积极性，政府也实现由监督管控向指导服务的身份转变。社区自治充分利用了社区人员的技能、热情和对乡村的熟悉程度，使政策的制定更加符合本地区经济社会和生态环境的实际情况，使方案的实施更加高效，有效推动了政策的整合和乡村的可持续发展。

公众参与指的是自下而上发展模式中形成的政府、社区、积极分子合作共治的治理模式。首先，政府构建乡村发展的政策环境，为社区组织和团体提供相应的支持，使社区主导的治理方案得以长期延续，促使社区广泛参与到乡村建设之中。其次，以社区为主体推进方案的实施，实现自下而上与自上而下模式的互补，提高乡村治理的效率。最后，社区中有热情有能力的积极分子广泛参与到乡村治理中，营造出广泛参与乡村治理的氛围，实现乡村的自我发展和自我更新。

三、上下互动，构建城乡互动枢纽

除了上述两种路径外，还有一种上下互助的路径，在一些发达国家的乡村振兴过程中发挥了十分重要的作用。这种模式在英国的乡村振兴中十分典型。英国通过“集镇”的发展，使之成为城市之外的次级中心，以“中间层”的定位起到连接城市与乡村的枢纽，达到上下互动、城乡融合的目的。英国的集镇从乡村集市发展而来，可以理解为将商业区、工业区、农业区、居住区、生活区集合为一体，连接城市与乡村的布局合理、功能完善的新型小城镇。其具备适宜的土地和水资源，能够满足居民的基本公共服务要求，同时能够对周围的乡村产生辐射效应。集镇往往具有宜居性和发展的可持续性，是城市文明与乡村特色的集合体，集镇中的住房条件、商业发展、医疗福利以及就业水平等与大城市无明显差距。作为大城市功能的延伸，集镇能够吸引周边乡村创造多样化的农村经济形式，提高区域竞争力，有效地发挥其作为乡村经济潜在增长点的作用。在 20 世纪 40—70 年代，英国政府建设了 33 座集镇，带动了乡村发展，缓解了城市病，极大地促进了城乡融合。

经过长时间的发展，英国集镇和乡村的发展已经基本纳入了

“种养—郡级—村镇”的三级治理框架，形成了网格化的整体治理格局。英国还实施了“区域空间战略”和“地方发展战略”，满足了多个中心与次中心城镇差异化的发展目标。在英国的乡村振兴过程中，集镇发展、社区互助、多方参与的理念深入人心，构建起了以社区居民需求为导向，国家、地方、社区、居民多方参与的新型网络化治理体系，辅以互联网、大数据等现代化技术手段的支撑，使原本割裂的政策和部门形成了相互协作的整体，提高了治理效率和治理水平。

第三节　国外经验对我国乡村振兴发展的启示

一、加强制度建设，完善乡村振兴顶层设计

乡村振兴是一个系统性的庞大工程，需要建立一整套完善的制度体系来确保工程实施的正确性和合理性。重点是通过制定乡村振兴中政治、经济、社会、产业、生态、文化等各个领域的发展规划和法律法规，厘清和规范乡村发展中各部分、各主体的关系，实现乡村秩序构建和各方面的利益平衡，以适应乡村现代化、规范化的发展需要，进一步实现国家治理体系和治理能力的现代化。

在政治性制度层面，聚焦党对农村工作全面领导、乡村治理体系创新、乡村长治久安等方面，协调好乡村振兴战略中国家与乡

村、政治与经济等的关系，实现乡村发展的法治化、制度化。在体制性制度层面，从打破城乡二元体制障碍出发，围绕城乡市场统一、融合发展、新型关系打造等方面开展体制和机制的创新，协调好乡村振兴过程中城市与乡村的关系，推动城乡在公共资源配置的均衡性，实现城乡利益结构的制度化。在工具性制度层面，根据乡村振兴的主要任务和实施手段，围绕乡村振兴的资本、人才、技术、资源等要素，构建全要素的支撑体系、运行机制和激励政策，协调好政府、市场、社会间的关系，为乡村振兴提供内生动力。

二、完善基础设施配套，提升公共服务水平

围绕城乡公共服务均等化的目标，通过深化乡村治理体系的创新，完善乡村公共服务的硬件和软件设施建设，实现乡村高质量公共服务的普及和共享，实现乡村的和谐稳定和农民的安居乐业。第一，通过乡村卫生室的建设升级和乡村医生的配置，实现标准化卫生室在乡村的全面覆盖，提高乡村医疗水平，为乡村居民提供安全及时、优质高效的医疗和卫生服务。第二，通过乡村安全饮水工程的实施，强化水源地保护，提高饮水质量，使乡村居民放心用水。第三，推动垃圾处置和污水处理，营造良好的乡村居住环境。第四，推动农村金融制度创新，规范产权交易，引导农民通过土地经营权和宅基地的抵押获得资金。扩大农业保险的险种和保障范围，为农业生产提供兜底性保障。第五，进行乡村治理体系试点建设，

激发农民开展基层自治的热情和主动性。

三、重视产业融合，激发乡村发展活力

产业振兴是乡村振兴的基石。要依托农村的资源禀赋，因地制宜做大做强农业产业，在农业产业兴旺的基础上，拓展农业的多种功能和发展模式，最终促进乡村产业的繁荣发展。第一，要坚持宜农则农、宜工则工、宜商则商、宜游则游的原则，实现乡村产业的差异化发展，形成农业规模化种植、特色养殖、农产品深加工、乡村手工艺、生态旅游，电商直播等各具特色的乡村产业集群。第二，科学调整农业结构，做大做强农业品牌，提升农业科技水平，延伸农业产业链，壮大农业经营规模，推动乡村一二三产业融合发展。第三，依靠产业带动农民致富。通过吸引各级各类人才扎根乡村创业、产业扶贫、壮大村集体经济等方式，分类盘活乡村产业发展，加快强村富民步伐。

四、保护乡村生态环境，实现可持续发展

通过科学规划推动乡村的自然生态环境、生产生活环境、传统村落等的改善和保护。第一，开展乡村建设规划。统筹生产、生活和生态用地规划，死守耕地红线，合理预留建设和生态空间。加强高标准农田建设，增加高标准农田比例。通过废旧房屋拆除、宅基地清理、开荒等方式增加农村建设用地数量。第二，加强乡村生态

宜居建设。完善乡村交通设施，促进城乡互联互通。加强水利设施建设和植树造林，培育山青水绿的乡村环境。推进“厕所革命”，提升粪污处理质量。抓好重点河道整治、养殖污染和农业面源污染防治，改善乡村人居环境。第三，保护乡村风貌。加强对乡村自然景观、古寨村落、古树古街、文化遗迹等乡村特色风貌的保护，做美山水田园，留住美丽乡愁。

五、引导资源向乡村流动，实现城乡融合发展

在全面建成小康社会的伟大事业中，农业农村依然存在短板和弱项，需要通过城市带动乡村、工业反哺农业、城乡融合发展的方式，推动各种发展要素向乡村汇聚，推动城乡一体化发展。第一，促进企业下乡。通过各类优惠政策和措施使企业在乡村落地，兴建产业园和工业园，发挥龙头效应，为乡村带来资金、项目等宝贵资源，使乡村产业形成规模，为乡村劳动力创造就业和增收途径。第二，促进人才下乡。一方面引进大中专毕业生、城市务工人员、退伍军人等返乡创业；另一方面培养乡村实用人才带头人，强化本土的人才储备，实现乡村人才振兴。给予扎根乡村创业人员以政策、资金、技术、土地使用等方面的扶持，为人才提供良好的创业工作环境。第三，促进科技下乡。引导农业高校、科研院所、农技推广单位到农村开展试验示范，鼓励农业科研、技术推广人员深入农业第一线进行科技攻关和技术推广，帮助农民提升种植管理和经营水

平，为乡村振兴提供科技赋能。

【议一议】

1. 发达国家的乡村振兴路径有哪些？

2. 我们从国外的乡村振兴经验中有哪些启发和建议？

第四章　国内乡村振兴模式探索

实施乡村振兴战略，要因地制宜，针对我国乡村发展不平衡的实际，科学把握农村的发展走势、分化特征和差异性特点，循序渐进地发展。从全国来看，乡村振兴的内容必然各异。东部地区可发挥其资本和区位优势，兴办工业和现代化农业，走规模化、产业化之路。中部地区可利用其人口、交通资源和小城镇商业资源，采用“亦工亦农、半工半农”模式滚动发展。西部地区可以凭借其得天独厚的自然资源优势搞民宿、农家乐，进行特色种植养殖，发展养老产业等，保留都市人的生活体验情怀，主打服务业。

第一节　产业振兴发展模式

乡村振兴，产业振兴是基础、核心、关键所在。因此，我国乡村振兴的诸多模式中，以产业振兴带动乡村振兴是最根本的方式。在狭义的角度，乡村产业主要为农业。在乡村振兴视角下，农业产

业被注入更加丰富、更加全面、更具时代发展特点的新内涵。乡村产业的发展在传统农业发展的坚实基础上，通过全产业链整合、标准化品牌化运营、智慧农业、产业园示范园建设等模式，实现从源头到餐桌、从生产到销售的多产业、高科技、融合化发展，达到产业兴旺、农民增收、乡村振兴的目的。

一、全产业链模式

（一）农业全产业链的概念

农业作为国民经济的基础，农业产业链也构成了产业链研究领域的组成部分。国外学者对农业产业链领域的研究起步较早，对农业产业链的内涵也给出了较为清晰的论述。Mighell 等在 20 世纪 60 年代就提出了农业“纵向协调”的产业发展路径，认为农业产业链是指包括原材料生产、加工、储存、运输、销售等活动在内的一系列活动过程。在国内，傅国华最早将产业链应用于农业领域，认为农业产业链是指依托市场对资源和农产品的合理配置，集中资金、土地、劳动力等生产要素，种养业、运输业、加工业、销售业围绕某一“拳头产品”进行“产、加、运、销”或“产、运、销”的链状结构。经过近 30 年的不断发展，学者对农业产业链的认识也逐渐深入。一般认为，现代农业的产业体系是一个综合性、多层次、复合型的产业综合系统，包括食物保障、原料供应、资源开发、生态保护、经济发展、文化传承、市场服务等产业，分为农产品产业、多功能产业和农业支撑产业体系，是一个包括产业、加工、资金装备投入、科学技术、素质、组织流通、服务等环节的宏观系统。现代农业体系的建设要通过构建农业产业集聚的机制，使优势农产品的生产加工向优势区域汇聚。

随着我国居民对于食品消费的不断升级、农产品产业的不断升级和食品安全形势的日益严峻，农业全产业链的概念由中粮集团在2009年率先提出。农业全产业链指的是以消费者对食品安全的需求为基础，从产业链起点开始，经过种植采购、贸易流通、食品及饲料原料加工、养殖宰杀、食品加工、分销及流通、食品销售、品牌推广等各个环节，实现食品安全可追溯，形成安全、营养、健康的食品供应全过程。农业全产业链连接了农业生产资料的供给、农产品生产加工储运、食品的销售和消费等环节，是不同农产品链的集合体。

（二）农业全产业链的构成

农业全产业链包括产业价值链、企业链、供给需求链和空间链。按照食品生产流通的过程，农业全产业链的上游以控制种植养殖质量的源头控制为核心，中游以初级农产品生产加工的无毒无害无污染的科学加工工艺以及流通销售的防破损防霉变为重点，下游以提质增效的科技创新研发为目标。整个流程始终将提高品质、保证安全贯穿始终，还包括对于工农业生产废弃物和副产物等生物质资源的再利用，实现农业产业的品质优良、环境友好、节本增效。

农业全产业链采用的是一种由内而外逐步扩展的发展思维模式。农业生产的初级农产品首先由企业自身生产并使用，经本地消费者从食堂、商超、市场等地采购，树立高品质安全性口碑后，逐步向周边区域、全国市场、全球市场扩张，形成内部做大做强的核心竞争力，使得产业链条牢不可破。

（三）构建农业全产业链的路径

农业全产业链的构建，要根据区域特定的乡村建设、农业结构、资源禀赋、区位交通、招商政策等，以龙头企业为中心，以农业、工业、贸易为支撑，促进三产融合和工农贸易一体化，形成产业链条，带动种植、养殖、加工、销售和服务的联动发展，实现从农产品品种选择、种植养殖到精深加工、销售配送等全环节的安全性监控。

农业全产业链的发展要从技术、管理和政策 3 个角度构建切实可行的路径。

技术路径层面，首先要进行全产业链的设计与筹划。要对区域产业现状和资源禀赋进行全面调查并分类，根据基地数据进行产业链的设计、布局和规划，根据规划进行设施的升级与完善，并制定招商引资激励政策。然后要形成供应链和产业链，引入农产品加工的龙头企业进行建设和运营，通过政府层面的政策引导，形成从加工到流通的一整条农业服务供应链，通过龙头企业带动农村商贸、服务、文旅、生活商业圈，形成产业链。最终形成初级农产品种植养殖安全监控、农产品标准化生产加工、流通销售全程跟踪的全产业链体系。

管理路径层面，首先充分利用农业科研院所和高校的科技支撑，对种子、肥料、农药等农业生产资料进行供应管理，确保使用适合区域土壤和气候条件的良种，减少化学肥料农药的投入，增加有机肥、生物肥的投入和绿色植保技术的推广使用，从源头确保农业生产安全。其次要对种植和养殖过程进行标准化和科学化的管理，确保生产过程的安全性。

政策路径层面，应优化招商引资政策、金融服务政策和税收扶持政策，帮助龙头企业推动规模化经营。加强对区域内从事农业生产加工企业的监管，对于其生产的食品进行生产资质、工艺设备、包装流通、添加剂等方面的抽查和检验，确保生产安全。建立本地企业加工食品的率先试用体系，鼓励本地企事业单位食堂、餐厅、饭店率先使用本地产品，检验质量、积累口碑，为对外销售提供依据。

（四）农业全产业链的发展模式

目前，农业全产业链的发展模式有以下几种。

1. 混合、纵向、一体合作模式

此种模式发挥农业企业的龙头作用，以企业链作为发展的主要路径，农业企业依托专门的生产基地进行农产品的标准化、专业化生产，生产合作社和种养大户根据企业的要求提供初级农产品，再

通过企业专门的营销和物流链，形成稳定的全产业链模式。此种模式能够根据行业的规范和标准灵活进行调整，有利于根据市场需求对企业、合作社、大户和物流的行为进行把控。

2. 公司、基地、农户模式

该模式依托企业专业化的生产基地和市场运作，带动周边农户进行规范的农产品生产，对地区产业的发展具有服务作用。

3. 品牌、标准、规模模式

此种模式为农业全产业链发展的高级形式，在农产品生产、加工和销售过程中进行品牌塑造与标准化生产，极大地提升了农业产业的市场影响力和竞争力。

二、特色农业标准化品牌化发展模式

（一）各色农业品牌化标准化的内涵

特色农业指具有区域特点、工艺特色和高新技术特色的农业产业的总称。特色农业以市场和效益为驱动力，通过在特定区域内发展特色鲜明、具有一定规模、能够对乡村经济社会发展具有巨大推动作用和市场影响力的产业链，达到产业振兴的目的。我国幅员辽阔，东西部、南北方之间的自然气候、地形地貌、农业生产方式、经济结构和社会发展水平等方面差异巨大。因此，在乡村振兴过程中，农业产业的发展也会根据各地的具体情况进行设计，并呈现出多元化、特色化的发展模式。特色农业以其独特性和差异性，能够根据区域经济社会发展和资源禀赋特点，提供市场所需的特色农产品和衍生服务，形成具有一定特色、规模、竞争力和经济效益的，产业化程度较高的产业和服务体系。

农业标准化指对农业生产的科学、技术、经济、管理等活动中需要协调和统一的各类对象，制定并使用标准，使其实现农业生产过程合理和统一的活动。农业标准往往会将农业中的科学技术成果与农业实践相结合，形成逻辑性强、简明扼要、易于理解、方便操作的文本供推广使用，称为技术标准或管理标准。农业标准化的目的是在市场的引导下，通过标准一致的、规范化的生产活动、工艺流程和检验标准，批量产出并向市场提供质量优良且统一的农产品，同时在生产过程中注重对生态环境的保护，最终带动农民增收。特色农业的标准化是从农田到餐桌的一整套完整的体系，不但包括产加销等过程的技术标准、产品的品质标准、质量检测标准、品牌认证标准、从业企业人员标准，还包括产地环境、销售场所标准，以及生产资料和投入品的标准等。通过标准化生产，农产品的安全得到充分保障，品质得到提升，附加值得到提高，更有利于品牌塑造和影响力的加强。

品牌化指通过为产品和服务进行品牌名称、标志、符号、包装等可视化要素以及触觉、声音、嗅觉等感官要素的设计，使产品和服务具备市场化和商业化基本条件的过程。品牌化能够使消费者更好地对产品和服务进行差异化的认识，帮助消费者进行选择和决策，品牌化的农产品往往可以追溯，便于消费者维护权益、进行售后服务。同时为企业创造无形的价值，树立农产品的品牌优势，提高农产品的销售量和销售价值，维持消费者对产品的满意度。企业通过为农产品注册商标，保护产品持有人的合法权益，打击不良生产竞争行为，保持产品的纯净度。

（二）特色农业品牌化标准化发展思路

在标准化和品牌化的加持下的特色农业发展模式由过程和结果两部分构成。此模式以特色农业为中心，通过标准化和品牌化双轮驱动，通过高标准统一性的管理过程获得高质量的结果，达到生产优质农产品、增加农业效益和农民收入的目标。以优质农产品为纽带，强化对品牌的构建，形成良性循环。通俗来说，就是通过标准化的生产管理，形成高品质的特色农产品，对特色农产品进行区域和企业品牌的运作，提高农产品附加值，最终提高农民收入。整个过程中，标准化生产是保证农产品高品质的手段，高品质农产品是品牌构建的基础，农民增收则是对高品质农产品进行品牌化运营的结果。

以东台西瓜为例，通过技术攻关，在种植土壤选择、良种选择、壮苗培育、双棚栽植、肥水运筹、整枝授粉、绿色植保、疏果留果、适时采收等各个关键环节形成了技术标准，按照技术标准进行种植，建立了统一的技术体系，为西瓜的高品质提供了坚实的保障。东台西瓜最终在销售前还要进行品质检测，除了果形端正、大小适度、瓜瓤鲜嫩爽口、口感细腻外，还要按照西瓜的瓜形大小进行分级，小西瓜中心和边部位置的可溶性固形物含量分别达到13%~15%、10%~12%，中果形西瓜中心和边部位置的可溶性固形物含量分别达到13%、10%左右，才能进入销售环节。以标准化种植和品质检测为保障，东台西瓜的品质得以充分保障，再通过品牌化的运营，使其在市场上的影响力不断积累和扩大，在我国南方部分地区十分畅销。

三、智慧农业模式

（一）智慧农业的内涵

2022年1月，中央网信办等十部委联合发布了《数字乡村发展行动计划（2022—2025年）》，指出，在“十四五”期间大力发展智慧农业，大力推动新一代信息技术与农业生产经营和管理服务的深度融合，利用物联网、大数据、5G、云计算和人工智能等数字化技术，建立智能化的农业生产服务数据采集、处理、应用、服务和共享体系，形成数字化、智能化、系统化的现代化农业发展模式。智慧农业不仅是建设数字乡村的核心内容，也代表着农业现代化发展的新趋势和新方向，对提高我国农业产业的国际竞争力、推动乡村振兴战略的深入实施具有重大战略意义。

智慧农业指的是将物联网、大数据、云计算、5G和人工智能等数字化、信息化技术与传统农业有机融合的数字化农业发展模

式。通过数字化技术的应用，能够为农业生产者提供自动化的数据采集、分析和决策，对农业生产过程和活动进行精准控制，提高管理行为的针对性和农业资源的使用效率，降低农业生产的成本、资源消耗和对环境的不利影响。广义上，智慧农业还包含农业电子商务、农产品追溯防伪、农业信息服务等内容。智慧农业通过智能化，信息化的农业管理和服务，使农业生产的运行和管理效率更高、针对性更强、时效性更强、自动化程度更高。

（二）智慧农业系统的构成

智慧农业系统包括数据信息采集层、平台层与应用层三部分组成，三者之间通过5G技术进行数据、信息和指令的传输。

数据信息采集层包括智能传感器、图像监控设备和可穿戴设备。智能传感器通过无人机以及光照、温度、湿度、土壤传感器等进行农作物生长环境的实时监测；图像监控设备则通过普通和红外摄像头、雷达等设备，对果实的成熟情况、植株的长势颜色及病虫害情况、家禽的运动轨迹进行拍摄；可穿戴设备则主要用于畜禽养殖中，通过给家禽穿戴，进行其生长状态、健康状况、喂养情况以及发情期预测等。上述设备采集到的各种数据通过5G网络实时、迅速、准确地输送到平台层的终端，进行分析后发送给管理者或自动装备，以便对下一步的管理进行决策。

平台层包括智能化的分析、控制、报警和综合报表系统等部分，分析系统通过深度学习以及智能算法对信息数据采集层采集到的各种信息和数据进行分析，传送到控制和报警系统，通过综合报表系统得出分析结果和管理方案。

应用层则包含自动灌溉施肥补光补气、遮阳等智能执行设备和数据实时查看、数据曲线分析等终端设备。一方面，平台层输出的监测结果和管理方案发送至应用层的执行设备中，进行智能化的决策和管理。另一方面，电脑或收集终端设备收集上述监测信息数据并生成数据曲线，指导管理人员进行决策。

5G 传输技术负责数据在采集层、平台层、应用层间的相互传输。由于 5G 技术传输速率高、延迟性低，大大提高了数据传输分析的速度和精确度，为智慧农业的发展提供了坚实保障。

（三）智慧农业依托技术及应用

1. 物联网+大数据+人工智能技术

物联网指的是借助信息传感设备，依据约定的协议，将任意物体与网络相连接，物体通过信息传播媒介进行信息交换和通信，从而实现智能化识别、定位、跟踪、监管等功能。在农业中，利用物联网技术的传感器和图像采集设备对农作物生长环境、状态等的数据信息进行采集和监测，使得土壤、水肥、空气等环境条件符合生长最适要求。例如通过湿度传感器进行土壤含水量的监测，确定合理的灌溉时间和灌水量，再通过对灌溉后作物的生长情况进行跟踪监测反馈灌溉效果，以便对灌溉方案进行科学调整。物联网应用于植保中，对药剂进行精准喷施，降低农残，提高农药使用率。应用于畜禽和水产养殖中，能够监测畜禽鱼类的个体行为及体征，能够提高养殖效果。应用于农业监管中，能够监测生态环境是否遭到破坏、农业生产中是否遵循规范、食品加工流通中是否存在安全性问题等，有助于问题溯源和安全性保障。在物联网技术和5G技术的协助下，人工智能技术通过智能采集、分析、控制系统以及智能机器人等终端，实现智能种植、智能病虫害诊断防治、智能养殖和动物行为分析、智能预测和农产品溯源等功能。

2. 互联网+技术

“互联网+农业”将互联网、大数据、物联网等信息化的手段应用于农业生产经营的具体情境，解决农业生产、经营、销售、服务的具体问题，形成现代化农业的新模式和新业态。随着互联网技术的不断进步和信息化水平的不断提高，“互联网+”必将成为农业现代化转型升级的必由之路。例如，利用“互联网+电商”，通过互联网对农产品进行营销，一方面减少了农产品供需的中间环节，农民可以通过电商直播销售自家种植的农产品或从其他农户收购的农产品，许多生鲜农产品借助物流能够销售到更远的地区，大大增加了销售利润；另一方面通过电商促进了分散农户、加工企业和消费者的互联互通，更容易通过“公司+农户”的模式形成农业品牌，提高农产品的市场竞争力。利用“互联网+大数据”，能够对某类农产品的现有生产规模、需求量和其他要求进行科学的预测，帮助农户制定科学的种植计划，使农产品的供需实现均衡，有效避免产能过剩和缺乏导致的价格过度浮动，稳定农产品价格，提高农民的种植收入，促进农业生产由供给侧决定市场向需求侧决定市场转变。利用“互联网+物联网”，对农作物的水肥气热需求进行精确控制和及时补充，有效降低生产成本，提高生产效率，改善农产品产量品质。与此同时，卫星、遥感、土地、大气等各种大尺度监测系统结合云计算，还能实现农业生产情况的监测、灾害的预测和生产情况的评估。

四、田园综合体模式

（一）田园综合体的内涵

城乡一体化进程持续推进，现代化发展水平不断提高，也逐渐提出了打造田园综合体的倡议。2017 年，中央发布一号文件，首次提出田园综合体的乡村发展新模式，因地制宜地构建并发展田园综合体。按照《乡村振兴战略规划（2018—2022）》关于推进田园综合体建设试点部署，2018 年财政部在 3 个省份新启动 6 个试点。目前，之前启动的 21 个试点已结束，中央财政已累计安排 16.8 亿元。2021 年，财政部又在 13 个省份新启动 13 个试点，田园综合体建设试点进入新阶段。

田园综合体，主要指以推动农村产业稳步发展为根本目的，在政府、企业、农民的联合协作下，推进现代农业发展，全面彻底解决“三农”问题，通过建立健全基础设施，加强乡村文化的

挖掘与维护，利用公司规范运营等方式，推动农村产业化、现代化发展。

作为一种集现代农业、休闲旅游、田园社区为一体的综合发展模式，是在城乡一体化格局下，顺应农村供给侧结构性改革、新型产业发展，结合产权制度改革，实现中国新型城镇化、乡村现代化、社会经济全面发展的一种可持续发展模式。

以“田”为基础。“田”指的是农村土地与农业，无论是土地，还是农业，都是维系农村存在与发展的重要基础，通过因地制宜开发土地，着力推进农业发展，促进农村生产力大幅提升，为农民提供更多的就业机会，从而获得更多的经济收入。

以“园”为支点。“园”指的是乡村开展生产活动、农民居住生活的外部空间。加强对外部空间生态系统的全面改善及合理利用，以此为支点，开始民宿等新兴产业，为乡村发展注入强大生命力。乡村产业建设与生态环境协调发展，不仅要将其打造成生态涵养地，也要将其建设成为促进农民生活品质大幅提升的良好居住地。

以“综合体”为目标。“综合体”其实指的是多重功能、多类产业的全面整合，是乡村现代化发展中不可阻挡的重要发展潮流，在优化配置并合理开发资源的同时，加大经济投入，健全公共设施，积极构建功能多元、产业发展、人居环境优良的现代化乡村社会体系。

（二）田园综合体发展主要模式

1. 优势突出且难以被复制的农业产业园区模式

此模式是以农村当地特色自然优势、充足优质的资源、特色出众的农产品为基础，依托于先进成熟、严谨合理的农业产业链条，从农产品的种植、培育、加工、交易等多个不同环节出发，向其他发展前景可观且具有较高附加值的产业扩展。因地制宜地构建优势突出且难以被复制的农业产业园区，不仅有助于激活农村发展潜力，同时能够促进优势资源得到合理开发及优化配置，使其自身价值和作用得到充分发挥，实现农村产业规模化、现代化发展，切实增加农村经济收益，改善居民生活品质。

2. 文化创意带动三产融合发展模式

此模式是基于田园综合体的三产融合之上，灵活合理地融入文化创意元素，打造一个文化特色出众、文化底蕴深厚的产业园区，促其实现真正意义上的持续化、稳健化、长效化发展。在此模式下，园区在发展运营过程中，灵活合理地融入当地特色鲜明的传统民俗，激发消费者了解探索民俗风情的热情，促进农旅活动科学合理地开展。

3. 都市近郊型现代农业观光园模式

此模式最突出的特征是地理位置主要集中于繁华的城市与幽静的农村交接处，充分发挥都市近郊得天独厚的区位优势，依托于当地良好的生态环境，创造性地利用令人心旷神怡的田园风光，创建规划合理、流连忘返的都市近郊型现代农业观光园。这样无论是身处繁华都市的城市居民，还是生活在城市周边的农村居民，都能够花费较短的时间来到都市近郊型现代农业观光园，各取所需，释放压力，欣赏美景，创造价值，获取收益。

4. 农业创意和农事体验型模式

此模式强调在打造特色农业的同时，对当地农业生态资源深入挖掘及合理利用，推动特色农业现代化发展，开发具有当地特色且具有一定文化内涵的创意工坊，且难以被其他地区模仿的特色文化产品。通过文化创意打开知名度，吸引更多游客前来体验，打造一个融合农事体验及乡风、乡俗和农事体验等多重内容且功能丰富的创意型田园综合体。

第二节　文化振兴发展模式

2022 年 4 月，文化和旅游部等多部门联合发布了《关于推动文化产业赋能乡村振兴的意见》（以下简称《意见》）。《意见》重点阐述了乡村振兴战略中关于发展文化产业的总体要求、重点领域、政策举措和组织实施，是文化领域落实乡村振兴战略的具体举措。

《意见》指出，乡村文化产业的发展应当以习近平新时代中国特色社会主义思想为指导，在深入学习、透彻领会乡村振兴战略的科学内涵的前提下，坚持文化引领与产业带动相结合、农民主题与多方参与相结合、政府引导与市场运作相结合的原则，通过四项举措，重点发展八大重点领域，通过文化产业赋能乡村振兴，实现到2025年建立基本的文化产业赋能乡村振兴有效机制、激活优秀乡土文化、丰富乡村文化业态、增强乡村人文资源和自然资源保护利用水平、加强乡村一二三产业有机融合、提高文化产业对乡村经济社会发展的综合带动力和乡村文化振兴的支撑力的发展目标。

一、发展乡村文化产业的举措

（一）培育壮大市场主体

支持各地培育和引进骨干文化企业，扶持乡村小微文化企业和工作室、个体创作者等发展，鼓励其他行业企业和民间资本通过多种形式投资乡村文化产业。推广“公司+农户”经营模式，鼓励各类农民合作社、协作体和产业联盟在整合资源、搭建平台等方面发挥积极作用。推动建立完善农民入股、保底收益、按股分红等多种利益联结机制，通过“资源变资产、资金变股金、农民变股东”，让农民更多分享产业增值收益。建立文化产业赋能乡村振兴企业库。支持积极参与文化产业赋能乡村振兴的企业申报国家文化产业示范基地。

（二）建立汇聚各方人才的有效机制

各级文化和旅游行政部门要制定政策举措，建立有效机制，引导文化产业从业人员、企业家、文化工作者、文化志愿者、开办艺术类专业的院校师生等深入乡村对接帮扶和投资兴业，带动文化下乡、资本下乡、产业下乡。鼓励各地结合实际，探索实施文化产业特派员制度，建设文化产业赋能乡村振兴人才库。实施文化和旅游创客行动，营造良好创新创业环境，支持文化和旅游从业者、相关院校毕业生、返乡创业人员、乡土人才等创新创业。注重发挥乡村文化和旅游能人、产业带头人、非物质文化遗产代表性传承人、工艺美术师、民间艺人等领头作用，挖掘培养乡土文化人才，培育新型职业农民队伍。鼓励普通高等学校、职业学校、研究机构在乡村设立文化和旅游类实习实践实训基地。

（三）加强项目建设和金融支持

按照自愿申报、动态管理、重点扶持的原则，遴选一批文化产业赋能乡村振兴重点项目，加大支持和服务力度，促进项目落地实施。国家开发银行在符合国家政策法规、信贷政策并遵循市场化运作的前提下，按照“保本微利”的原则，对乡村文化和旅游项目提供包括长周期、低成本资金在内的综合性优质金融服务支持。鼓励金融机构因地制宜、创新产品，通过上门签约、灵活担保、主动让利等多种方式，为乡村文化和旅游经营主体提供信贷支持。引导各类投资机构投资乡村文化和旅游项目。鼓励保险机构开展针对乡村文化和旅游项目的保险业务。

（四）统筹规划发展和资源保护利用

统筹县域城镇和村庄规划建设，通盘考虑土地利用、历史文化传承、产业发展、人居环境整治和生态保护，严禁违规占用耕地和违背自然规律绿化造林、挖湖造景，严格限制林区耕地湿地等占用和过度开发，加强自然环境、传统格局、建筑风貌等方面管控，注重生态优先、有序开发，合理规划布局乡村文化和旅游发展空间。在有效保护的基础上，探索乡村文化遗产资源合理利用的有效机制。将非物质文化遗产保护与美丽乡村建设、农耕文化保护相结合，充分发挥非物质文化遗产代表性项目和代表性传承人作用，合理利用非物质文化遗产资源。鼓励有条件的地方将文化和旅游用地纳入国土空间规划和年度用地计划，在完善审批程序、严格用途管理的前提下，加大对文化产业赋能乡村振兴相关重点设施、项目的用地支持。鼓励通过开展城乡建设用地增减挂钩和工矿废弃地再利用的方式建设文化产业赋能乡村振兴项目。文化和旅游项目中，属于永久性设施建设用地的，依法按建设用地管理；属于自然景观用地及农牧渔业种植、养殖用地的，不改变原用地用途的，不征收(收回)、不转用。结合文化产业赋能乡村振兴项目的业态特点，探索农村一二三产业融合发展用地新方式，依法办理农用地转用和土地征收手续。在村庄建设边界外，办理用地审批手续时，除依法应当以招标拍卖挂牌等方式公开出让的土地外，可将建设用地批准和规划许可手续合并办理，核发规划许可证书，并申请办理不动产登记。按照国家统一部署，探索支持企业和个人通过农村集体经营性建设用地入市的渠道，以出让、出租等方式使用集体建设用地从事

文化和旅游经营活动。鼓励乡村文化和旅游项目经营实行长期租赁或先租后让。在符合国土空间规划前提下，鼓励对依法登记的宅基地等农村建设用地进行复合利用，发展乡村民宿、民俗体验、文化创意等业态。

二、乡村文化产业的重点发展领域

（一）创意设计

引导创意设计企业、平台、工作室及设计师向乡村拓展业务、落地经营，为乡村集体经济组织和各类企业、农民合作社、农户等提供创意设计服务。鼓励创意设计、规划建筑、园林景观等单位积极参与乡村建设，建设各具特色的美丽乡村、美丽庭院，创造宜业宜居宜乐宜游的良好环境。鼓励高校艺术、设计类专业结合教学、科研和社会实践，为乡村建设提供创意设计支持。大力发展创意农业，加强农产品包装、设计和营销，提升农业品牌知名度和农产品文化附加值。鼓励发展特色农业，挖掘特色种植业、林业、畜牧业等文化内涵。

（二）演出产业

依托演出企业、演出团体、艺术院校等机构，充分挖掘地方特色资源，帮助和指导乡村开发演出项目，培养乡村文艺演出队伍，发展提升乡村舞蹈、戏剧、曲艺、游艺、杂技等业态。鼓励依托乡村传统演出团体及其骨干人员，积极开发武术、舞龙、舞狮、锣鼓等特色民俗表演项目。因地制宜发展中小型、主题性、特色类旅游演出项目。

（三）音乐产业

鼓励音乐工作者、音乐企业、音乐院校、音乐类行业组织等深入乡村采风、展演和对接帮扶，加强对乡村传统音乐的创编、提升，创作一批形式多样、内容健康的音乐作品。加强民族民间传统音乐的收集整理和活化利用。提升乐器制造业专业化、品牌化水平，推动乐器生产向乐器文化拓展，鼓励发展音乐培训、互动体验等复合型业态。鼓励有条件的地方发展音乐节、音乐会、音乐园区（基地）等特色项目，打造音乐主题特色文化乡村。

（四）美术产业

发挥美术工作者引领带动作用，支持有条件的地方依托乡土文化传统，突出地方特色，发展壮大、巩固提升美术产业。鼓励各级美术院校、画院、美术馆在具备条件的乡村设立写生创作和展示基地，支持打造乡村摄影基地，提升乡村地区美术产业专业化水平。加大人才培训和扶持力度，把引进外来人才和培养本地人才结合起来，提升农民画师、雕塑师等人才的创作水平。加强乡村美学普及和教育，提升审美水平和人文素养，让欣赏美、追求美、塑造美成为乡村文明新风尚。推动更多美术元素、艺术元素应用到乡村规划建设，鼓励兴办特色书店、剧场、博物馆、美术馆、图书馆、文

创馆。

（五）手工艺

实施中国传统工艺振兴计划，推动传统工艺在现代生活中广泛应用。鼓励非物质文化遗产传承人、设计师、艺术家等参与乡村手工艺创作生产，加强各民族优秀传统手工艺保护和传承，促进合理利用，带动农民结合实际开展手工艺创作生产，推动纺染织绣、金属锻造、传统建筑营造等传统工艺实现创造性转化和创新性发展。推动手工艺特色化、品牌化发展，培育形成具有民族、地域特色的传统工艺产品和品牌，鼓励多渠道、多形式进行品牌合作，提升经济附加值。充分运用现代创意设计、科技手段和时尚元素提升手工艺发展水平，推动手工艺创意产品开发。

（六）数字文化

鼓励数字文化企业发挥平台和技术优势，创作传播展现乡村特色文化、民间技艺、乡土风貌、田园风光、生产生活等方面的数字文化产品，规划开发线下沉浸式体验项目，带动乡村文化传播、展示和消费。充分运用动漫、游戏、数字艺术、知识服务、网络文学、网络表演、网络视频等产业形态，挖掘活化乡村优秀传统文化资源，打造独具当地特色的主题形象，带动地域宣传推广、文创产品开发、农产品品牌形象塑造。推广社交电商、直播卖货等销售模式，促进特色农产品销售。

（七）其他文化产业

鼓励各地结合文化资源禀赋和文化产业发展特点，培育打造地方特色鲜明、文化内涵突出、一二三产业有机融合的文化业态。支持特色产业发展，传承弘扬茶、中医药、美食等特色文化，开发适合大众康养、休闲、体验的文化和旅游产品。推进特色文化制造业发展，积极开发传统文化节日用品、特色文化产品。鼓励各地发掘乡村传统节庆、赛事和农事节气，结合中国农民丰收节、“村晚”“乡村文化周”“非遗购物节”等活动，因地制宜培育地方特色节庆会展活动。研究推动优秀农业文化展示区建设，鼓励和支持文化工作者深入中国重要农业文化遗产地，挖掘农耕文化中蕴含的优秀思想观念、人文精神、道德规范，不断深化优秀农耕文化的传承、保护和利用。鼓励有条件的地方引入艺术机构，以市场化方式运营具有乡土文化特色的艺术节展。

（八）文旅融合

坚持以文塑旅、以旅彰文，推动创意设计、演出、节庆会展等业态与乡村旅游深度融合，促进文化消费与旅游消费有机结合，培育文旅融合新业态新模式。实施乡村旅游艺术提升计划行动，设计开发具有文化特色的乡村旅游产品，提升乡村旅游体验性和互动性。推动非物质文化遗产融入乡村旅游各环节，支持利用非遗工坊、传承体验中心等场所，培育一批乡村非物质文化遗产旅游体验基地。支持有条件的中国重要农业文化遗产地建设农耕文化体验场所，弘扬优秀农耕文化。鼓励各地加强“中国民间文化艺术之乡”建设，塑造“一乡一品”“一乡一艺”“一乡一景”特色品牌，形成具有区域影响力的乡村文化名片，提升乡村文化建设品质，充分开发民间文化艺术研学游、体验游等产品和线路。全面推进“创意下乡”，有效提升旅游商品开发水平和市场价值。

三、发展乡村文化产业的思路解析

（一）以城带乡、城乡互促

城市具有更多的文化从业者、更丰富的文化艺术形式和更强大的资本市场。利用好城市的文化资源，并加快推进城市的人才、创意和资金向乡村流动，将新的文化发展理念、发展形式和发展成果与乡村优秀的文化、自然和人力资源相结合，为乡村文化产业的发展注入外来新活力的同时，也激活乡村的内生动力，共同开发乡村文化产业的新市场、新业态、新产品、新内涵，促进乡村文化产业的蓬勃发展。以城带乡的着力点是通过城市更先进、更丰富的创意设计理念和艺术形式赋予乡村传统的生产生活、景观风貌、民风民俗更时代化、年轻化、大众化的表达，促进文化产业与农业和旅游业的深度融合，弘扬具有历史传承和时代特色的正能量的乡村美学、乡村文化和乡村精神，达到以文化产、以文兴业的目的。

（二）多业并举，品牌推动

一是引导资源对接。注重促进不同领域的平台、企业、院校、团体以及个人从业者，与乡村建设和各类产业发展需求有效对接。二是提升内涵品质。强调挖掘各类文化资源禀赋，注重收集整理、创意提升、活化利用，丰富产品业态提升品质内涵，塑造品牌特色。三是推动融合发展。鼓励挖掘特色种植业、林业、畜牧业及农耕文化内涵，传承弘扬茶、中医药、美食等特色文化，发展创意农业、特色产业，推动各类文化业态与乡村旅游深度融合，形成农文旅、一二三产业有机融合的特色文化业态。四是鼓励业态创新。强调利用数字化技术，活化乡村优秀传统文化资源，打造体现乡村特色的数字文化产品和体验项目，创新乡村文化创作、传播、展示方式，积极对接现代文化消费需求。五是融入乡风文明。强调推动更多文化元素应用到乡村规划建设之中，提升乡村规划水平、设计品质和建设标准。以文化产业发展带动乡村美学普及和教育，提升审美水平和人文素养，塑造乡村文明新风尚。

（三）多方参与，突出主体

一是健全农民主体的利益保障机制。传统优秀乡土文化的孕育与农民生产生活有着密不可分的联系，其活态传承和创新发展也必须发挥农民的主体性作用。二是建立会聚各方人才的制度机制。在培育本土人才、激发内部人才潜能的基础上，创新乡村人才引进机制，发挥各类外来“增量”人才作用。三是实施引导企业和社会资本投资的支持举措。以企业和社会资本为主体，带动资金、人才、项目等下乡，有利于解决乡村地区经济社会发展普遍存在的资金不足、人才缺乏、组织形式落后、创新能力不强等问题。

四、乡村文化产业发展模式及实践

(一) 农业资源依托型发展模式

农业资源依托型发展模式以农业特色优势产业资源的开发利用为基础，通过融合传统的农业产业与休闲旅游产业，形成农业产业和旅游业的双促双兴。该模式主要通过“农家乐”和“渔家乐”的方式实现，经营者通常多为农户，是乡村文化产业中比重最高、农户参与最广泛的形式。农户将其居住的房屋、庭院以及从事农业生产的承包土地作为营业场所，游客在上述场所中体验农村居住、饮食以及农事生产活动，在乡间的生活中得到身心的充分放松和满足。经过近年来的不断发展，“农家乐”“渔家乐”的初级农旅体验模式得到了升级，将原本单一的农事体验活动与生态保护、文化传承等教育活动相结合，满足了城市人群走进自然、亲近自然、认识自然、认识乡村、了解农业、体验农业的需求，以及对青少年儿童进行耕读教育和科普教育的需要。除了体验型农业文旅形式外，观光农业、创意农业和休闲农业等形式的发展水平和规模比例也有了显著的提高，根据城市消费者对乡村旅游和体验需求，通过规模化的作物种植和畜禽养殖、特色化的乡村自然风光和地形地貌、合理的农业工程措施等创意性的文化景观吸引游客，促进民俗旅游、节庆等产业的发展，通过文化产业为传统的农业产业赋能，借助创意进行产业项目的延伸，促进农村一二三产业的有机融合和强势发展。

谷城堰河村坐落于湖北省十大名茶之乡之一的襄阳市谷城县五山镇，获得了国家级生态村、全国文明村镇、中国最美休闲乡村等荣誉称号。谷城堰河村多山地，距离城镇较远，资源匮乏，并不具备交通优势和资源优势。自1992年开始，通过开荒山建立了1 200亩茶园和3 000余亩的杜仲经济林，确立了以茶叶为支柱的种养结合循环农业产业模式，农民收入逐渐增加，实现了脱贫增收。2003年，谷城堰河村开始了环境整治和垃圾分类处理，实现了村容村貌的提升，成为湖北省首个绿色幸福村。以乡村良好的生态环境为基础，谷城堰河村开始发展乡村旅游业，并成立生态旅游经济专业合作社。2016年，谷城堰河村游客接待量达到30万人次以上，创收8 000余万元，村民人均纯收入达到18 000元。2019年，仅村生态旅游经济专业合作社的经营收入就达到2 000万元以上，辅以电商平台销售和农家乐，进一步增加了营收效益。在经济效益不断提高的同时，该村也注重对乡村文化认同感的打造，激发了村民以主人翁的身份参与村庄建设的主动性和责任感，使该村获得了产业、生态、文化协同发展的内在动力。谷城堰河村的发展模式基于对茶叶种植产业和相关资源的挖掘，重拾耕读文化，通过强产业、美生态、树文化构建了经济文化共同体，减少并遏制了乡村人口的大规模外流，保护了乡村社会的整体发展，维护了以血缘和地缘为核心的乡村文化共同体。

由于文化产业具有渗透性强、辐射面广、结合性灵活的特点，文化艺术形式能够与农耕、农产品、农业产业和农业市场有机结合，围绕传统的农业产业形成种养加一体、产销服联动、休闲观光教育一体的全产业链，拓展传统农业的附加功能，延伸农业产业链和价值链，提高农产品的附加值，为农业振兴和农村振兴开辟新的道路。

（二）文化资源依托型发展模式

文化资源型依托模式适用于两类情况。一类是文化底蕴深厚、具有特色化民俗民风的乡村，另一类是能够进行现实文化构建的乡村。在具有深厚文化底蕴和特色民俗民风的乡村，通过对乡村农耕文化、特色民俗、古建筑等资源的深入挖掘，以乡村的历史和文化内涵及演变为切入点，打造乡村文化民俗景观，发展民俗旅游、红色基因、古镇村落旅游等特色文旅形式，发展乡村手工、特色演出与节庆堂会等产业。对于能够构建现实文化的乡村，通过品牌化的运作，利用文化复制、移植、陈列的方法以及虚拟环境建设等高科技手段，打造主题突出、特色鲜明、创意性强的现代化乡村文旅场所和活动形式。

山东省章丘市的朱家裕村是我国北方典型的山村型古村落。远在明朝洪武初年（公元1368年），朱氏家族迁至该村，开启了朱家裕村的悠久历史。该村聚落景观特色鲜明，保存了比较完整的民居、祠堂、亭台楼阁、古桥古道以及泉眼，被称为“齐鲁第一古村”“江北聚落标本”，2014 年被山东省旅游局正式批准为国家 4A 级旅游景区。朱家峪村的文化资源开发从 2000 年开始，经过不断的建设发展，形成了具有山村特色的文化品牌。通过对豆腐坊、煎饼坊、粗布坊等十大作坊的重建，使古老的乡村工艺得以传承并产生效益；通过对闯关东文化和知青文化的打造，形成了独特的乡村记忆和文化传承。以乡村传统手工艺、闯关东文化和知青文化为主线，朱家裕村建立十大作坊、闯关东文化主题展示馆和齐鲁知青之家等景观，并不断衍生出乡村旅游餐饮、手工艺、民宿、影视、博物馆、文化产业园等新业态。例如电视剧《闯关东》中便以朱家裕村为拍摄地，衍生出一系列的周边文化产品和文化景观，使朱家裕村的文化产业实现了从“看景观”到“品文化”的转型升级，从根本上为文化产业的发展注入了文化精神的灵魂。

（三）乡村空间重塑型发展模式

乡村空间指的是房屋、道路、田地等有形空间和文化、风俗、信仰等无形空间。乡村空间是乡村文化产业赖以存在的基础。对乡村空间进行高质量的构建与重塑，既能够对乡村的文化底蕴和历史变迁进行生动展示，又能够承载乡村文化的主体性和神秘性，使其与城市空间产生巨大差别，能够加强乡村文化对人们的吸引力，建立标志性的文化记忆和品牌，从而以乡村空间拉动消费，以乡村文化振兴推动乡村全面振兴。

通过艺术介入乡村建设、对乡村空间环境进行重构的模式在一些地区的乡村文化产业发展中显示出了巨大的发展潜力。通过艺术家对乡村空间进行设计，依托某种艺术形式对乡村的资源和传统文化进行激活和复兴，构建人与人、人与自然和人与历史的关联，实现对乡村历史文化与传统风俗的修复和重构。艺术家和乡村艺人进行深度合作，通过对乡村废弃的房屋、破败的场地进行空间改造，将其重塑为具有艺术美感的乡村新空间；通过对关注度较低的非物质文化遗产和民间技艺等进行艺术展演，使传统的乡村文化和民间技艺重新焕发生命力，推动乡村文化产业的可持续发展。借助文化和艺术的力量，还能使村民重新建立身份自信和文化认同，提高艺术素养，培养技艺专长，激活其作为乡村振兴推动主体的内在动力。

山西省晋中市和顺县松烟镇的许村坐落于太行山腹地。许村共有490户、1 200多人，耕地面积约2 020亩。早在春秋时期许村就有人居住，是典型的古村落，村中保留了从明清时期到民国时期再到中华人民共和国成立后人民公社时期的完整建筑脉络。2011年，艺术家渠岩参观许村后，带领团队和村民将破败废弃的房屋进行了改造，并成功举行了许村第一届国际艺术节，自此逐渐吸引世界各地的游客和艺术家前来参观创作研究。在实体空间方面，渠岩的艺术创作团队将村中所有具有民族特色的老旧建筑改造成了中心艺术区，包括艺术家工作室、艺术创作中心、展示中心、艺术图书馆、陶艺制作基地、山西民间艺术研究基地、乡村酒吧和餐馆等。在建筑改造过程中，既保存了原有的传统外观，又创新了内部结构以适应现代艺术创作和展示，达到了村落整体传统风貌保持与建筑内部现代实用型的统一。同时通过举办艺术展演，将文化艺术产业引入乡村，带动了文旅产业的发展，促进了农民的增收。在无形空间方面，一方面通过有影响力的艺术家和社会人士的不断聚集和发声，激发了当地村民保护历史传统和文化血脉的意识，使村民更加注重保护其赖以生存的乡村环境，更加热爱自己的家乡；另一方面世界各国的艺术家来到许村深入了解中国传统文化和民风民俗，为艺术交流、碰撞和融合提供了优质的平台。通过对乡村空间的重构，许村实现了通过艺术和文化产业推动乡村振兴和农民增收的目的。

【想一想】

1. 乡村文化包含哪些内容？

2. 当地有哪些乡村特色文化？

第三节　生态振兴发展模式

2021 年 2 月 25 日，习近平总书记全国脱贫攻坚总结表彰大会上向全世界庄严宣告，“我国脱贫攻坚战取得了全面胜利，现行标准下9 899万农村贫困人口全部脱贫，832 个贫困县全部摘帽，12.8

万个贫困村全部出列，区域性整体贫困得到解决，完成了消除绝对贫困的艰巨任务”。2021 年底，习近平总书记在中央农村工作会议上指出，“乡村振兴的前提是巩固脱贫攻坚成果，要持续抓紧抓好，让脱贫群众生活更上一层楼。要持续推动同乡村振兴战略有机衔接，确保不发生规模性返贫，切实维护和巩固脱贫攻坚战的伟大成就”，并将相关要求写入 2022 年 2 月国务院印发的《“十四五”推进农业农村现代化规划》，作为“十四五”时期推进农业农村现代化的七项重点任务之一。在此大背景下，发展乡村生态产业成为精准扶贫、助力乡村振兴、推动乡村可持续发展的重要举措。通过对国家政策导向的分析能够看出，乡村的发展必须要以生态文明理念为指引，探索一条生态产业化、产业生态化、生态与产业互促互兴的可持续发展之路。

目前，生态产业化是发挥乡村原生态资源优势的重要方式。在很多地区经过产业扶贫的产业仍处于发展基础农牧业的初级阶段，产业链短，附加值低，缺乏市场竞争力。与此同时，许多刚刚脱贫的地区开发程度较低，保留了丰富的生态资源，形成了很强的生态优势。通过合理的顶层设计，将丰富生态资源通过产业化的运作进行发展，形成生态产业集群，一方面能够提供品质优良的生态产品和服务，满足人民日益增长的美好生活和健康需求；另一方面有利于对农业结构的调整和生态产品价值的注入，达到促进农民增收的目的。同时，乡村生态产业的发展能够实现对乡村自然环境和生产生活环境的治理与保护，促进农业的高质量发展，实现生态美、产业兴、农民富的有机统一，最终推动乡村的全面振兴。

一、生态产业化的内涵

国内生态产业化的思想兴起于20世纪90年代，不少学者陆续提出了环境保护、可持续发展、生态文明建设和绿色发展的概念。2005年，时任浙江省委书记的习近平同志在安吉县余村考查时首次提出了“绿水青山就是金山银山”的科学论断，即“两山”理论。“两山”理论充分体现了人与自然、生产力发展与生态环境改善的辩证统一关系。经过20余年的理论的深入研究和实践的不断探索，“两山”理论已经形成了十分完整的理论和实践体系。生态产业化的内涵日益明确，路径逐渐清晰。

乡村生态产业化指的是在保证乡村生态资源保值增值良性循环的前提下，持续开发出适应当地生态资源禀赋和条件的生态产品，是乡村经济发展与生态保护有机融合、互促互进的转化过程。乡村要振兴，生态环境是基础，产业兴旺是核心，农民富裕是最终目标，三者之间密切相关，生态环境的持续优良是产业可持续发展的根基，二者相互促进才能实现富民的目标。因此，发展生态产业的最终目标为生态富民。放眼世界形势，全球人类都面临着环境、生存和发展的危机，生态富民的发展路径和内涵能够为解决上述问题提供思路。

生态富民理念形成的理论基础为马克思主义生态经济学、可持续发展理念和“两山”理论等，同时吸收了中国共产党人在不断探索生态保护、人民富裕、生态扶贫过程中的历史和实践经验。在马克思主义生态经济学理念中，经济社会发展与环境保护二者间存在辩证统一的关系，通过合理利用自然本身的巨大生产力，人与自然即可达到和谐共生。在中华人民共和国成立初期，毛泽东同志提出了植树造林、兴修水利等改善生态环境的措施；改革开放期间，邓小平同志指出生产力的发展要在保护环境的前提下开展；江泽民同志则直接强调生态环境保护的重要意义和实施可持续发展战略的重要性；胡锦涛同志提出深入落实科学发展观，强调绿色发展和可持续发展的重要性。可持续发展理念认为，生态环境与经济发展能够实现共赢，只要在二者之间找到动态平衡点，在发展中保护、在保护中发展，就能实现生态优美、经济发达、人民富裕的平衡，人类社会将得以持续、不间断、代际地发展。

在马克思主义生态经济学和可持续发展理念的指导下，“两山”理论被创造性地提出。2013 年 9 月，习近平总书记在哈萨克斯坦纳扎尔巴耶夫大学演讲时提出，“我们既要绿水青山，也要金山银山。宁要绿水青山，不要金山银山。而且绿水青山就是金山银山”。这句话充分体现了“两山”理论的内涵。绿水青山代表了优良生态环境和丰富的自然资源，金山银山即经济产业的发展和人民的富裕。“两山”理论一方面强调生态环境本身的价值，良好的生态环境本身就是用金钱无法换取的巨大财富，是人类赖以生存和可持续发展的宝贵资源，即“绿水青山就是金山银山”。另一方面，生态环境资源与经济发展能够实现相互转化，即实现生态产业化、产业生态化，达到生态富民的目标。同时，“两山”理论还强调保护生态环境的底线，在经济产业发展与生态环境保护相冲突时，“宁要绿水青山，不要金山银山”。站在人类发展的时间轴上，回顾人类社会环境的变迁时可以很清楚地看到，每当绿水青山遭受严重破坏时，人类的生产生活和健康都会经受严峻考验甚至被严重破坏。“两山”理论通过生动形象的语言告诉我们，只有统筹好生态保护和经济发展，坚定不移走生态富民的道路，才能实现人类社会的可持续发展。

二、生态产业化的发展阶段和促进机制

我国的乡村生态产业已经具备了较好的发展基础，党的十八大以来，国家政策层面为生态产业的振兴提供了坚实保障。围绕生产、生活和生态环境及资源进行了系统的治理保护和开发利用，提高了生态资源的附加值，激发了生态产业发展的内生动力。我国乡村生态产业的发展经历了由低到高 3 个发展阶段：农家乐阶段、乡村旅游阶段和乡村生活阶段。各个发展阶段均满足了经济社会发展不同阶段的需求，提供了不同的生态产品。

农家乐阶段是生态产业发展的初级阶段，良好的生态环境是其

得以发展的基础条件。通过新农村建设的各项行动，对乡村的自然生态环境、生产生活环境和基础设施进行不断完善，使农家乐产业得以存在并发展。农家乐产业以个体农户为经营主体，以绿色农产品采摘、乡村美食品尝以及农事体验为主要经营内容。农家乐模式的规模较小，技术含量和经营门槛较低，因此十分容易复制和模仿，造成同质化严重和特色性降低的问题，因此很难适应激烈的市场竞争环境。

乡村旅游阶段为生态产业发展的中级阶段，其产生是生态化产业差异化发展的内在要求。乡村旅游产业可以看作是农家乐产业发展的升级，在更大的空间和时间尺度形成产业。该模式以特定区域的生态资源禀赋和地理位置的优势为依托，结合庞大且各异的市场需求进行发展。乡村旅游产业的经营主体相较于农家乐产业更加多样化，不仅包括个体农户，还引入了村集体、家庭农场、社会资本以及外资，以支撑更加庞大的建设投入和运营规模。在经营内容上，通过对现代农业生产经营场所、生态景区、度假区、农家乐等自然或人工空间场所的建设、改造和利用，形成了以短期停留为特征的产业模式。生态旅游发展阶段的经营规模更大，特点更加鲜明，经营的资金和技术门槛更高，能够通过不同的生态服务定位满足市场需求，在更大的区域内形成以点带线、以线带面的生态产业分布集群。

乡村生活阶段是乡村生态产业化发展的最高阶段，是推动乡村产业蓬勃发展和生态宜居的必然选择。生态产业发展到此阶段后，在乡村定居生活和工作将成为一部分人群的选择。乡村生活阶段的实现需要大力进行生态公共品的发展，以提升乡村生态资源的质量，填补乡村公共生态资源的不足。经过乡村生态环境、生产生活环境以及基础设施的不断完善和提高，将实现城市和乡村之间的资本、技术、人才等产业要素的自由流动，提高生态产业化水平，促进乡村生态环境和产业的协同发展，推动城乡一体化进程。生态产业发展到乡村生活阶段后，更多的城市人群将选择前往乡村进行休闲度假甚至长期居住，真正实现生态和经济的双赢以及城市和乡村的深度融合。

无论乡村生态产业发展到何种阶段，良好的生态环境资源都是其赖以发展的基础。根据我国乡村的发展现状，要通过美丽乡村建设、乡村生态环境的治理保护、发展现代农业等方式加强对乡村生态资源的保护，保障乡村生态资源的供给，促进乡村生态资源的积累和转化。具体来说，一方面要通过乡村环境的治理，改善乡村的生产生活及自然生态环境，绿化并美化乡村庭院和道路，完善乡村公共技术设施建设，处理生产生活垃圾和污水，提高乡村自然生态环境和生产生活环境的质量。另一方面，要制定详细且具有针对性的乡村生态环境资源保护制度，优化自然生态环境资源，修复和提升受损的生态资源，利用闲置的山林地和道路两侧培育生态环境资源，强化自然生态资源的景观化设计。强化对生态资源的保护和治

理。同时，通过大力发展现代农业，依托其农产品供应、休闲旅游、生态保护、文化传承、教育教化等多重功能，实现乡村传统农业产业链的延伸，提高农业产业附加值。

乡村生态产业的发展需要调动一切资源和要素来实现。根据多年的理论研究和实践经验，我国生态产业的发展形成了以龙头企业为牵引、以产业发展为动力、以科技创新为依托、以人才聚集为核心、以生态富民为目标的基本路径。

龙头企业在生态产业发展的各个方面，如产业结构调整、产业体系建设、产业链延伸、就业岗位创造等，发挥着十分重要的作用。龙头企业作为市场经济活动的主体和行业中具有影响力、号召力、引导力和竞争力的优质企业，对于提高生态产业经营管理服务水平以及生态产品的质量、推动生态产品的市场化意义重大。龙头企业的经济效益好，带动能力强，产品竞争力大，研发实力雄厚，能够为生态产业更好地研发和探索新产品、新模式、新路径，起到很好的示范和带动作用，这对高端生态产业链的发展和强化大有裨益。例如，江西省崇义县南酸枣产业的发展离不开龙头企业的拉动和牵引。通过龙头企业的拉动，崇义县打造出从种质资源保护、良种选育到野果采集、生产、加工一体化的南酸枣产业链，开创了生态产业化、产业生态化的良好局面。如今崇义县南酸枣产业逐渐做大做强，在越来越多的农民在龙头企业的带领下参与到南酸枣产业发展的大军之中，南酸枣也成了带领农民增收的“致富果”。

生态产业主要包括生态农业、生态工业和生态服务业等类型，其核心是运用产业生态学的方法，通过横向联动、垂直整合、区域耦合、社会联合、功能优化、结构柔化、能力提升、增加就业和个性化生产等方式推动传统产业向生态产业的转型，实现产品经济向功能型经济的转变，促进生态和经济资产、生态和生产基础设施、生态和社会服务功能的协调发展。在具体的生态产业富民实践中，要促进特色农产品、中药材、花卉苗木、生态旅游、自然康养、碳汇交易等新业态的有机结合和融合发展。其中，生态旅游在生态产业中处于十分关键的位置。生态旅游依托区域特色的自然和文化资源，通过生态+农家乐、生态+民宿、生态+康养等模式，将传统农业、农产品加工业、手工业、文旅产业、餐饮服务业、医养健康产业等产业串联起来，实现一二三产业的融合发展，开辟生态产业的富民增收路径。通过生态产业的发展，一方面能够使村民在农业生产之余实现再就业，为闲置的人员增加就业岗位，提高劳动技能的同时也提高了收入。另一方面，生态产业对于优化区域产业结构，带动关联产业的集群化发展意义重大。另外，生态产业也能够提高社会和居民对生态环境保护的重视，使生态发展理念更加深入人心。

科技创新是促进经济社会高质量发展的重要保障。新发展理念中将创新理念放在首位，体现了其在全局中的核心地位。抓住了科技创新的“牛鼻子”就掌握了发展的主动性。科技创新是全面创新中最重要、最核心的要素，是实现可持续发展和绿色发展的根本路径，是突破发展瓶颈、解决社会主要矛盾的现实需要。在生态产业的发展中，需要借助农业科技创新、工业科技创新、工程科技创新和数字科技创新等方式，为产业发展注入核心动能。其中，农业、工业和工程科技创新能够为生态产业的发展提供理论和技术支撑，提高核心竞争力。数字科技创新则通过互联网新技术的运用，为生态富民提供发展思路和路径。以短视频和电商为例，随着短视频和自媒体行业的迅速发展，人与人之间的距离借助网络极大地缩短，借助视频直播，人们更加便利地交流互动，分享工作和生活，使乡村的自然及人文景观、生产生活、特色产品、手工技艺、民俗等得到快速广泛的传播和关注。视频直播与电商平台和物流相结合，使农产品、手工艺品等生态产品的销售渠道得以扩展，增加了从业者的收益。生态富民产业以生态环境资源为根本，借助互联网等科技的创新，通过生态资源、人文资源、科学技术的多向互动，孕育出了生态经济发展的新的增长极。

人是生产力提高最积极的要素，是社会进步最革命的力量，是创新发展最核心的动能，是现代化进程最有力的支撑。进入历史发展的新方位，基层实用人才将面临农业现代化建设、农村产业振兴、生态环境保护、基层治理体系建设、文明乡风培育、法治乡村建设等多个建设任务，乡村的全面振兴和农业的现代化在任何时候都需要高素质人才的支撑，乡村发展对人才的需求与乡村人才短缺现实之间的矛盾将愈加突出。农业要强、农村要美、农民要富，重点应当培育扶持更多既能够熟练掌握种植养殖技术，又具有组织经营能力的实用人才，通过其更高的业务能力建立生产经营示范，逐步取得周边农户的认可和效仿，实现带动群众增产增收的目标。在生态产业的发展中涉及多种产业模式，面临着农业生产、管理、销售、科技、工程、手工艺、直播、物流等多样化的人才需要。要实现人才在向乡村生态产业的聚集，应当通过聘请专家、设立研究专项，以项目培育为抓手，构建乡村生态产业化人才体系，实现乡村生态产业的科技创新驱动发展。同时，还应联合高校、科研院所等高水平产学研平台，推动科技成果在乡村生态产业中的转化落地，让乡村生态产业走进大众生活，提高消费者对生态产品的认知和消费水平。

生态产业富民是中国共产党践行初心使命的重要举措。生态产业富民的最终目标是实现共同富裕，这与共产主义的根本目标相一致。长期以来，人们对共同富裕内涵的关注大多侧重于物质财富，而忽略了生态财富的存在和价值。在人与自然、人与社会关系日渐紧张的今天，生态产业提供了一种缓和人类社会发展与生态环境破坏间矛盾，实现人与自然和谐共生的创新发展道路。坚持共同富裕是中国共产党领导人民进行生态产业富民实践的价值归宿，也是生态产业富民“为了谁、依靠谁、由谁检验”的根本立场。在生态产业富民的实施过程中，要坚持生态产业富民为人民。生态产业富民满足了人民对丰富物质和美好生态的向往。人民是历史的创造者，是进行生产实践的主体。生态产业富民就来自于人民的长期实践，是广大劳动人民发扬聪明才智的集中体现，因此要在生态产业富民的过程中坚持人民立场，确立人民在实践中的主体地位，发挥劳动人民的创造力，为生态产业的永续发展注入深厚的乡土活力。要坚持生态产业富民效果由人民来检验。2012 年 11 月，在第十八届中央委员会第一次全体会议上习近平总书记指出，“人民对美好生活的向往，就是我们的奋斗目标”。因此在生态产业发展过程中各项举措好不好，要交给人民来检验。

三、生态产业化发展的模式与实践

（一）生态农业模式

生态农业发展模式主要指的是改变传统农业种植养殖割裂化的生产现状，发展绿色农业和循环农业，在保证农产品产出的同时，提高土壤、水分、农药等生产资料和资源的利用效率，对农业生产中的废弃物实现资源化利用，达到农业生产与环境保护的协调性。生态农业模式在我国许多的乡村得到了较好地应用，尤其是在相对封闭的、外部资源难以输入的区域，通过生态农业的发展，改变了农业生产格局。生态农业的模式较多，如“牛沼粮（菜/草）”模式、“羊粪粮（菜/草）”模式、“猪沼粮（菜/草）”模式等。

以“牛沼粮”模式为例，该模式围绕作物秸秆进行循环体系的构建。作物秸秆收集后经过青贮、氨化等处理方式加工为粗饲料，用于养殖奶牛或肉牛。牛粪便在沼气池中进行充分发酵，产生沼气、沼液和沼渣。沼气能够为生产和生活提供部分能源，沼液和沼渣能够作为有机肥还田，使粪便资源化利用和循环。粮食、牛奶和牛肉可以进行加工，延长产业链，提高生产利润。结合公司+农户的模式，农户按照公司的要求进行种养，能够保证产品品质，拓宽产品销路，扩大生产规模，增加生产效益。

基于“牛沼粮”模式还可以衍生出“牛沼菌”“牛沼粮草”“牛沼草”“牛沼鱼”等模式。“牛沼菌”模式在“牛沼粮”模式的基础上加入食用菌的养殖，将秸秆、牛粪和沼渣作为食用菌种植的基质，食用菌采收后剩余的菌渣也可作为有机肥还田，参与种养循环。“牛沼粮草”模式则在“牛沼粮”模式的基础上，将一部分沼渣沼液种植优质牧草，牧草的蛋白质含量高且能够改善土壤质地，收割后可直接饲喂或者还田，参与种养循环。“牛沼草”模式则是以牧草替代粮食种植中的秸秆实现种养循环。“牛沼鱼”模式则是将牛沼粮中的部分沼液沼渣用于淡水鱼的养殖。上述几种衍生模式极大地拓展了“牛沼粮”模式的适用范围，具有很好的应用价值。

（二）生态林业模式

生态林业模式的发展要通过林地面积的延伸和森林规模的扩大，发挥森林的生态效益和公益影响，达到改善生态、壮大产业、满足人民物质精神需要的目的。生态林业的发展既要开发林业资源的经济价值，又要保证其生态和环境价值，使二者达到可持续发展的稳定状态。生态林业的发展应当以循环经济为内核和主体，形成林地资源—资源开发—资源培育—新资源生成的发展模式。通过林木合理开采、种苗创新培育、森林保育新技术开发、林木产品生态化加工、林下经济发展、林业旅游开发等模式构建生态林业产业体系。

以福建省漳平市拱桥镇上界村为例，上界村位于漳平市和新罗区交界处，是漳平市西南部河流上游尤为重要的饮用水源保护地。上界村内共有 383 户、1 253人。村内有生态公益林面积为1 000万平方米，省级天然保护区 334 万平方米，土地面积 215 万平方米，林地面积 184. 5 万平方米，竹林面积 50 万平方米，林木种植基地面积 10 万平方米、高山梯田面积 1 万平方米，森林覆盖率达到 97%，主要种植荷花、毛竹、蔬果类经济作物，是典型的农林类村庄，荣获了“国家森林乡村”称号。上界村充分利用地理地形和生态环境资源优势发展生态林业，以果树和毛竹等经济林种植为基础，拓展完善了养蜂产业、红芽芋种植、蛋鸡散养、无花果种植等林下经济体系，充分利用了林下空间和土地资源；通过大力发展林产品深加工、森林观光、林果采摘等特色产业，延伸了林业产业链，提升了林业产业发展渠道，增加了村民的收入，打造出具有影响力的生态林业品牌。如今，上界村生态林业产业发展的前景更加清晰和广阔，也激发了村民自觉践行扶贫与保护生态环境“两手抓”的绿盈乡村理念的积极性，实现了乡村生态和产业的振兴。

（三）生态旅游模式

生态旅游模式指的是以自然风光、特色风俗等生态旅游资源为依托，同时对自然和文化资源进行保护，使旅游业维持可持续发展状态的旅游形式。生态旅游倡导游客在原生态的自然和人文景观中感受生态环境的魅力，提倡游客关心自然生活环境质量和文化传承以及关注生态环境问题，并为保护生态环境做出贡献。生态旅游是一种符合生态文明建设要求的产业发展模式，将区域内的自然及人文景观与科技及产业充分融合，创造出符合现代消费需要的多样化、个性化的旅游产品。生态旅游产业的发展需要多种资源和产业的高度融合，能够延长乡村产业链，在发展产业的同时保护生态环境。

根据目前农业生态旅游产业发展的基本情况，该产业的发展应当在“可持续”理念的指引下，坚持生态优先、特色发展、动态调整的原则，蹚出一条高质量发展的路子。发展生态旅游产业，要以生态和谐为前提，把保护和美化生态环境作为一切产业活动的基础，通过生物多样性和生态环境保护，实现产业链中生态资源的合理利用和功能的良性循环，为游客提供原生态的旅游环境。要树立特色发展的理念，通过对数字技术、智慧技术、媒体技术等新技术的运用，打造以乡村特色产业景观为基础的文化园、产业园等特色项目，实现对自然生态和文化资源的合理转化和利用，避免同质化。要遵循动态发展的客观规律。生态旅游产业的模式不会一成不变，应随着经济社会的发展、科技水平的提高以及消费习惯的改变进行调整，对生态旅游产业的发展做出顺应性的变革。

（四）生态文化模式

生态文化指的是人与自然和谐共生、共同发展的文化，其关键是处理好人与自然间的关系，实现人与自然的共荣共生，是“生态+文化”的理想形态。生态文化属于文化领域的范畴，有着狭义与广义的理解。从狭义上讲，生态文化指的是以生态文化价值观作为依托的社会制度、意识形态和精神思想，包含生态美学、生态哲学、生态经济学、生态伦理学等社会意识形态和民主社会制度等。从广义上讲，生态文化还包括生态文化产业，即生态文化通过产业的视角展示出人类在历史发展进程中创造出的反映建设自然环境和人类关系的精神与物质财富的总和。生态文化的产业化推动了传统产业向生态产业的转型，进而实现社会生产生活的持续健康发展。生态文化产业作为一种生态化的经济形式，关注的是生态价值的理性回归，主张生产消费向生态化转变，承认生态价值的合理存在，注重生态环境的保护和合理利用。在生态产业的发展中，人类以自然界的分享者、保护者和引领者而非主宰者、征服者出现，人与自然构成了紧密相关、共同进退的利益共同体。

在生态文化产业的发展过程中，首先要激活乡村的生态文化资源，对区域的生态文化资源进行梳理、规划和布局，培育生态文化产业发展的核心动能。通过生态农业、生态工业、文化旅游等多元化的组合模式，因地制宜打造特色化、差异化的生态文化产业链条，实现降低生产总值能耗和生态环境资源可持续利用的双赢。其次，要积极探索多种形式的生态文化载体，推动绿色发展理念不断深入人心。发展生态文化产业的目的不仅是重塑产业结构，更重要的是促进形成良好的生态文化环境。通过加强生态文化意识的宣传和生态环境的监管使全社会形成生态文化意识，构建绿色发展的良好氛围。最后，发展生态文化产业要坚持系统化推进。生态文化产业包含生态农业、生态旅游、生态人文等多个要素，需要通过系统的顶层设计做好规划，从乡村生态环境资源的禀赋出发，在不破坏生态环境的前提下，引导乡村内生态文化产业发展与经济社会发展深度融合，为乡村经济社会发展提供坚实的保障。

以云南省普洱市为例。普洱市的民族文化、茶文化和生态文化等生态文化资源十分繁荣，拥有以茶马古道为代表的民族文化和无量山、哀牢山两大国家级自然保护区。普洱市以乡愁文化和少数民族文化为载体，主打寻味普洱“乡愁”特色旅游品牌。以乡村民宿模式为核心，开展美丽县城、特色小镇和旅游村寨建设，形成了以农耕体验、非遗文化、田园综合体、农业田园为载体的乡村生态文旅产业。普洱市通过构建特色化的文化元素符号、建筑景观等与乡村休闲、实景体验、主题度假等主题元素及周边文化工艺品相结合，打造了 8 个旅游特色小镇。依托蓝天绿地和青山碧水的生态优势，普洱市的生态文化产业衍生出医养健康、文化旅游、悠闲度假、酒店餐饮等产业形态，并在上述产业形态的基础上，拓展出沉浸式剧目表演形式，用舞蹈、音乐、武打、情景剧等艺术形式再现了普洱马帮在茶马古道上的人文故事，在带动增收的同时，彰显了普洱市的城市底蕴和文化内涵。

第四节　人才振兴发展模式

一、人才对乡村振兴的重要性

在推动乡村振兴的各个要素中，人才振兴是最具活力的决定性要素。对于许多乡村而言，青壮年劳动力大量外流，乡村人口老龄化、空心化现象十分突出，乡村人才队伍建设面临困境。乡村人才的缺乏，一方面是人才引进存在难题，另一方面是乡村本土人才利用不充分、培育存在问题。随着乡村振兴战略的不断深入推进，支撑农业和农村现代化的发展需要更多的高素质人才，打造一支懂农业、爱农村、爱农民“三农”人才队伍的重要性和紧迫性更加凸显。“十四五”期间要巩固拓展脱贫攻坚成果同乡村振兴有效衔接，全面实施乡村振兴战略的深度、广度和困难程度都不亚于脱贫攻坚，在这一过程中仍然存在许多难点和堵点问题需要攻克。在开展乡村振兴的各项工作时，各条战线的乡村人才将会承担更加繁重和艰难的任务，在此过程中，对乡村各类人才的素质提出了更高的要求，乡村人才队伍建设的挑战性、紧迫性和必要性更加显现。

兴业在人，成事由人，乡村振兴的核心动能、关键资源是人才，特别是农村实用人才。农村实用人才，指具有一定知识和技能，为农村经济和科技、教育、文化、卫生等各项事业发展提供服务、做出贡献、起到示范和带头作用的农村劳动者。农村实用人才主要包括农村种植养殖能手、加工和捕捞能手、农村经纪人、各类能工巧匠以及科技带头人等。各类农村实用人才的出现代表着农村一二三产业中的各个生产环节有了更加精细化和专业化的分工。

农业要强、农村要美、农民要富，重点应当培育扶持更多既能够熟练掌握种植养殖技术，又具有组织经营能力的实用人才，通过其更高的业务能力建立生产经营示范，逐步取得周边农户的认可和效仿，实现带动群众增产增收的目标。

培养农村实用人才，必须坚持和强化党对乡村人才工作的全面领导，积极引导人才投身乡村和农业生产的前沿阵地，造就一支有热情、有能力、有担当的乡村人才队伍。要坚持全面培养、分类施策，全方位、多维度培养乡村治理和农业生产急需的生产经营、科技技术、产业管理、社会服务等各类型人才。要坚持多元主体、分工配合，建立政府、培训机构、企业多方参与、优势互补的乡村人才培养体系，合力实现乡村人才的振兴。要坚持培养与引进相结合、引才与引智相结合，扩宽乡村人才引育渠道，吸引各方人才向农村汇聚，为人才事业发展和自我价值的实现搭建高质量平台，最大程度调动人才干事创业的内生动力。要深入推进乡村人才在培育、引入、使用、管理等环节的制度改革，不断优化人才服务乡村的激励体系，让农村为人才提供更多的干事机会和创业环境。

二、乡村人才队伍的建设思路

（一）围绕产业振兴需求，建设专业化的“三农”人才队伍

实现乡村振兴，产业振兴是基础，人才振兴是关键。因此，要围绕乡村产业的发展打造一支懂农业、爱农村、爱农民的“三农”人才队伍。第一，要加强农业科技队伍的建设。通过吸引农业人才到农业企业、农业基地、新型农业经营主体等管理和技术岗位进行顶岗、挂职、兼职或离岗创新创业，引进一批优秀的农业技术专业人才。第二，要强化农业专业技能人才队伍的建设。通过农村乡土技能人才培育工程的实施，建立由政府主导、职业院校和民办培训机构参与的社会化培训体系，为乡村产业的振兴输送各类能工巧匠和民间艺人。第三，要加强新型职业农民的培训。通过推进新型职业农民培育工程，支持新型职业农民借助弹性学制参加中高等农业职业教育，培育一批本土化的种植养殖能手、农业机械作业能手和科技带头人等新型农民。

（二）围绕科教文卫需求，建设高素质的公益事业人才队伍

健全农村的科教文卫等公共服务体系是实现乡村振兴的重要

保障。第一，要加强教育人才队伍的建设。通过师德师风建设树立教师投身乡村教育的使命感；通过编制管理创新提高乡村教师编制的使用效率；通过打通城乡人才流动壁垒促进优秀教师向乡村的流动；通过进修模式的创新、成长通道的优化和薪资待遇的提升，拓宽教师的成长空间，提升教师的社会地位，增加教师的收益；关注青年教师的成长成才，优化青年教师的工作和生活环境。第二，要加强文化人才队伍的建设。引导各级各类文化产业人才深入乡村开展文化产业建设；通过文化产业特派员制度培育文化产业人才库；通过文化和旅游创客行动支持文化产业从业者进行创新创业；挖掘和培育乡村本土的文旅达人、文化产业带头人、非遗传承人、民间艺人和工艺美术师等，带领农民通过文化产业致富。第三，要加强医疗卫生人才队伍的建设。通过加强各部门协作、完善人才培养体系、优化鼓励政策等方式加大基层卫生人才供给；通过优化进修培训制度提高基层医疗卫生人才的从业水平；通过职称评聘和绩效制度改革完善基层卫生人才使用管理制度。

（三）围绕乡村治理需要，建设高水平组织管理人才队伍

乡村治理的现代化是推动乡村振兴的关键。通过常态化选派“第一书记”，使更多有能力的年轻干部到乡村任职；通过建强基层领导班子，增强基层党组织的凝聚力和战斗力；通过健全专项补助和报酬自然增长制度，增加村干部岗位对退伍军人和返乡毕

业生等人才的吸引力。通过建立健全发展党员的竞争性机制，提升乡村党员的整体素质和水平；通过成立党员工作室，设岗定责制度使党员在文明乡风和基层治理建设中发挥先锋模范作用。通过成立乡贤调解室、智囊团、理事会等，发动退休干部、教师、医务工作者、道德模范、企业家等乡贤参与乡村治理和监督，探索“村两委+乡贤”乡村治理模式，推动农村治理体系的现代化。

三、人才带动乡村振兴的发展模式

（一）党建+人才模式

实现乡村振兴，党的正确领导是关键。以新时代农村党建为抓手，紧扣问题导向、民生导向和创新导向，推动乡村各项事业实现高质量、高水平、高效率发展。要实现乡村振兴，必须始终坚持党的全面领导，紧紧抓住乡村振兴工作的根和魂；必须始终坚持以一切为了人民、一切依靠人民的发展思想，在乡村振兴的各项工作中切实增强群众幸福感、获得感和归属感；必须始终树立系统推进和协同发展的思想，对农业强、农村美、农民富的各项工作进行一体化设计；必须打通基层党建的难点堵点，畅通组织建设的各项渠道，不断壮大组织基础，推动乡村实现善治；必须始终加强乡村人才队伍建设，发挥优秀人才的“头雁效应”，带动农民致富，推动乡村各项工作全面发展。

以江苏省无锡市为例。无锡市十分重视村两委在乡村振兴中的带头作用，以村两委领导班子建设和后备干部培养村班子队伍建设为抓手，不断提升村级领导班子队伍水平。以白塔村为代表的一批乡村，通过“村书记领头、村党员带头，群众广泛参与”的模式培育乡村振兴内生引擎，激发乡村发展的内生动力，一大批爱党敬业、心系群众、为民解忧的村书记脱颖而出。在村两委的带领下，无锡市的一大批乡村结合当地乡村实际，用活“三农”各项政策，带领村民形成了以工促农、以旅兴农、品牌强农、科技助农、特色富农的高质量、多元化、特色化的发展道路。白塔村的党组织成为带领群众建设乡村、强农致富的坚强战斗堡垒，成为推进乡村振兴“党建+人才”的优秀范例。

（二）产业+人才模式

人才是推动产业振兴的关键要素。在乡村振兴的各条战线中，不仅需要熟悉“三农”政策、善于团结群众、带领农民群众脱贫致富的“领头雁”，更需要有懂技术、善经营的实用人才作为支撑。只有培育好、使用好这些“田秀才”“土专家”、农创客和乡村匠人，才能在乡村内部孕育出推动乡村振兴发展的不绝动力。

江苏省为重视发挥乡村实用人才的“三带”（带领技艺传承、带强产业发展、带动群众致富）作用，积极为乡村实用人才构筑创新创业巢穴，引导鼓励乡村实用人才利用自身所长带动周边群众增收致富。

通过推进“乡土人才+特色产业”工程，引导乡村实用人才增强产业化意识，推动特色农业产业的发展。例如，某旅游农业人才建设香榭丽玫瑰园，与乡村古镇旅游进行有机结合，形成了玫瑰种植、玫瑰深加工研发和休闲观光的产业链，建成了省级主题创意农园，带领村民实现增收致富。某省级人才带领的农业类“名师工作室”积极开展小麦新品种的种植推广，使当地小麦亩产在江苏省县级单位中位于前列。

通过实施“乡土人才+龙头企业”工程，鼓励并帮助乡村实用人才中的能人大户创办公司、企业或合作社，以点带面推动乡村产业的发展。例如，某水产养殖专家是江苏省“三带”人才，借助“公司+基地+农户+销售”的发展模式做大做强宝应湖大闸蟹产业和品牌，使其获得“中国十大名蟹”的荣誉称号。某农机工匠牵头建立收割机专业合作社，带领180余名农业收割机械作业人员进行全国跨区收割作业。

通过实施“乡土人才+创业富民”工程，大力扶持农村实用人才积极创业，带领群众致富增收。例如，在某设施园艺专家、江苏省“三带”能手的带领下，建设了江苏省单体规模最大的现代化草莓采摘园，带动周边农民发展草莓产业，实现增收1 300多万元。某水生蔬菜种植能手开发出藕田套养小龙虾的新模式，实现每亩藕田增收2 000多元。

（三）科技+人才模式

科学技术是第一生产力，创新是引领发展的第一推动力，人才是科技创新的第一资源。科技和人才是社会主义经济建设等各项事业得以发展的基础和关键。在乡村振兴过程中，必须通过科技进步和人才的培养，提高乡村劳动者的整体素质，促进乡村经济社会的全面、高质量、可持续发展。

安徽省马鞍山市和县是传统的农业大县。为了推动农业产业的高质量发展，和县十分注重农业科技人才体系的构建。根据县域内各乡镇园区的主导产业特色和发展需要，依托农业龙头企业为在 7 个乡镇的农业园区建立了 9 个省级科技特派员工作站，实现了科技特派员工作站在所有乡镇的百分之百覆盖。目前，在站的特派员总数达到 95 人，其中外聘专家型人才达到 40 人。工作站涉及水稻、蔬菜、水产等多个产业，包括了栽培、育种、育苗等多个领域。同时，和县县政府还与 3 个科技特派团签订了合作协议，搭建服务平台，面向企业开展“订单式”服务。2017 年，和县某科技特派员用紫云英这种绿肥对化肥进行替代，并对作物按需施肥，此方法提高了耕地的质量，使得种植成本减少 10%，产量水平提高 15%。某农业部劳模自 2011 年开始回乡创业，从事有机水稻的种植，他积极主动地与上海农业科学院长期开展深度合作，同时与和县内的科技特派员取得联系，借助科技的力量进行功能性稻米新品种的研发，成功选育出适于糖尿病和肥胖人群食用的“优糖米”“优肾米”等新品种，实现了水稻种植产业核心竞争力的升级。

第五章　2022年中央一号文件乡村振兴解读

2022年中央一号文件是21世纪以来第19个指导“三农”工作的中央一号文件。文件突出年度性任务、针对性举措、实效性导向，部署2022年全面推进乡村振兴重点工作，明确了两条底线任务（保障国家粮食安全和不发生规模性返贫）、三方面重点工作（乡村发展、乡村建设、乡村治理）、推动实现“两新”（乡村振兴取得新进展、农业农村现代化迈出新步伐）。

【想一想】

1. 中央一号文件有哪些要点？
2. 如何读懂2022年中央一号文件？

第一节　推进乡村振兴明确两条任务

一、保障国家粮食安全

1. 稳定全年粮食播种面积和产量

（1）坚持中国人的饭碗任何时候都要牢牢端在自己手中，饭碗主要装中国粮，全面落实粮食安全党政同责，严格粮食安全责任制考核，确保粮食播种面积稳定、产量保持在1.3万亿斤（1斤=500克）以上。

（2）主产区、主销区、产销平衡区都要保面积、保产量，不断提高主产区粮食综合生产能力，切实稳定和提高主销区粮食自给率，确保产销平衡区粮食基本自给。

（3）推进国家粮食安全产业带建设。

（4）大力开展绿色高质高效行动，深入实施优质粮食工程，提升粮食单产和品质。

（5）推进黄河流域农业深度节水控水，通过提升用水效率、发展旱作农业，稳定粮食播种面积。

（6）积极应对小麦晚播等不利影响，加强冬春田间管理，促进弱苗转壮。

2. 大力实施大豆和油料产能提升工程

（1）加大耕地轮作补贴和产油大县奖励力度，集中支持适宜区域、重点品种、经营服务主体，在黄淮海、西北、西南地区推广玉米大豆带状复合种植，在东北地区开展粮豆轮作，在黑龙江省部分地下水超采区、寒地井灌稻区推进水改旱、稻改豆试点，在长江流域开发冬闲田扩种油菜。

（2）开展盐碱地种植大豆示范。

（3）支持扩大油茶种植面积，改造提升低产林。

3. 保障“菜篮子”产品供给

（1）加大力度落实“菜篮子”市长负责制。

（2）稳定生猪生产长效性支持政策，稳定基础产能，防止生产大起大落。

（3）加快扩大牛羊肉和奶业生产，推进草原畜牧业转型升级试点示范。

（4）稳定水产养殖面积，提升渔业发展质量。

（5）稳定大中城市常年菜地保有量，大力推进北方设施蔬菜、南菜北运基地建设，提高蔬菜应急保供能力。

（6）完善棉花目标价格政策。

（7）探索开展糖料蔗完全成本保险和种植收入保险。

（8）开展天然橡胶老旧胶园更新改造试点。

4. 合理保障农民种粮收益

（1）按照让农民种粮有利可图、让主产区抓粮有积极性的目标要求，健全农民种粮收益保障机制。

（2）2022 年适当提高稻谷、小麦最低收购价，稳定玉米、大豆生产者补贴和稻谷补贴政策，实现三大粮食作物完全成本保险和种植收入保险主产省产粮大县全覆盖。

（3）加大产粮大县奖励力度，创新粮食产销区合作机制。

（4）支持家庭农场、农民合作社、农业产业化龙头企业多种粮、种好粮。

（5）聚焦关键薄弱环节和小农户，加快发展农业社会化服务，支持农业服务公司、农民合作社、农村集体经济组织、基层供销合作社等各类主体大力发展单环节、多环节、全程生产托管服务，开展订单农业、加工物流、产品营销等，提高种粮综合效益。

5. 统筹做好重要农产品调控

（1）健全农产品全产业链监测预警体系，推动建立统一的农产品供需信息发布制度，分类分品种加强调控和应急保障。

（2）深化粮食购销领域监管体制机制改革，开展专项整治，依法从严惩治系统性腐败。

（3）加强智能粮库建设，促进人防技防相结合，强化粮食库存动态监管。

（4）严格控制以玉米为原料的燃料乙醇加工。

（5）做好化肥等农资生产储备调运，促进保供稳价。

（6）坚持节约优先，落实粮食节约行动方案，深入推进产运储加消全链条节粮减损，强化粮食安全教育，反对食物浪费。

6. 落实“长牙齿”的耕地保护硬措施

（1）实行耕地保护党政同责，严守 18 亿亩（1 亩 ≈ 667 米^2）耕地红线。

（2）按照耕地和永久基本农田、生态保护红线、城镇开发边界的顺序，统筹划定落实三条控制线，把耕地保有量和永久基本农田保护目标任务足额带位置逐级分解下达，由中央和地方签订耕地保

护目标责任书，作为刚性指标实行严格考核、一票否决、终身追责。

（3）分类明确耕地用途，严格落实耕地利用优先序，耕地主要用于粮食和棉、油、糖、蔬菜等农产品及饲草饲料生产，永久基本农田重点用于粮食生产，高标准农田原则上全部用于粮食生产。

（4）引导新发展林果业上山上坡，鼓励利用“四荒”资源，不与粮争地。

（5）落实和完善耕地占补平衡政策，建立补充耕地立项、实施、验收、管护全程监管机制，确保补充可长期稳定利用的耕地，实现补充耕地产能与所占耕地相当。

（6）改进跨省域补充耕地国家统筹管理办法。

（7）加大耕地执法监督力度，严厉查处违法违规占用耕地从事非农建设。

（8）强化耕地用途管制，严格管控耕地转为其他农用地。

（9）巩固提升受污染耕地安全利用水平。

（10）稳妥有序开展农村乱占耕地建房专项整治试点。

（11）巩固“大棚房”问题专项清理整治成果。

（12）落实工商资本流转农村土地审查审核和风险防范制度。

7. 全面完成高标准农田建设阶段性任务

（1）多渠道增加投入，2022 年建设高标准农田 1 亿亩，累计建成高效节水灌溉面积 4 亿亩。

（2）统筹规划、同步实施高效节水灌溉与高标准农田建设。

（3）各地要加大中低产田改造力度，提升耕地地力等级。

（4）研究制定增加农田灌溉面积的规划。

（5）实施重点水源和重大引调水等水资源配置工程。

（6）加大大中型灌区续建配套与改造力度，在水土资源条件适宜地区规划新建一批现代化灌区，优先将大中型灌区建成高标准农田。

（7）深入推进国家黑土地保护工程。实施黑土地保护性耕作8 000万亩。

（8）积极挖掘潜力增加耕地，支持将符合条件的盐碱地等后备资源适度有序开发为耕地。

（9）研究制定盐碱地综合利用规划和实施方案。

（10）分类改造盐碱地，推动由主要治理盐碱地适应作物向更多选育耐盐碱植物适应盐碱地转变。

（11）支持盐碱地、干旱半干旱地区国家农业高新技术产业示范区建设。

（12）启动全国第三次土壤普查。

二、不发生规模性返贫

1. 完善监测帮扶机制

（1）精准确定监测对象，将有返贫致贫风险和突发严重困难的

农户纳入监测范围，简化工作流程，缩短认定时间。

（2）针对发现的因灾因病因疫等苗头性问题，及时落实社会救助、医疗保障等帮扶措施。

（3）强化监测帮扶责任落实，确保工作不留空档、政策不留空白。

（4）继续开展巩固脱贫成果后评估工作。

2. 促进脱贫人口持续增收

（1）推动脱贫地区更多依靠发展来巩固拓展脱贫攻坚成果，让脱贫群众生活更上一层楼。巩固提升脱贫地区特色产业，完善联农带农机制，提高脱贫人口家庭经营性收入。

（2）逐步提高中央财政衔接推进乡村振兴补助资金用于产业发展的比重，重点支持帮扶产业补上技术、设施、营销等短板，强化龙头带动作用，促进产业提档升级。

（3）巩固光伏扶贫工程成效，在有条件的脱贫地区发展光伏产业。压实就业帮扶责任，确保脱贫劳动力就业规模稳定。

（4）深化东西部劳务协作，做好省内转移就业工作。

（5）延续支持帮扶车间发展优惠政策。

（6）发挥以工代赈作用，具备条件的可提高劳务报酬发放比例。

（7）统筹用好乡村公益岗位，实行动态管理。

（8）逐步调整优化生态护林员政策。

3. 加大对乡村振兴重点帮扶县和易地搬迁集中安置区支持力度

（1）在乡村振兴重点帮扶县实施一批补短板促发展项目。

（2）编制国家乡村振兴重点帮扶县巩固拓展脱贫攻坚成果同乡村振兴有效衔接实施方案。

（3）做好国家乡村振兴重点帮扶县科技特派团选派，实行产业技术顾问制度，有计划开展教育、医疗干部人才组团式帮扶。建立健全国家乡村振兴重点帮扶县发展监测评价机制。

（4）加大对国家乡村振兴重点帮扶县信贷资金投入和保险保障力度。

（5）完善易地搬迁集中安置区配套设施和公共服务，持续加大安置区产业培育力度，开展搬迁群众就业帮扶专项行动。

（6）落实搬迁群众户籍管理、合法权益保障、社会融入等工作举措，提升安置社区治理水平。

4. 推动脱贫地区帮扶政策落地见效

（1）保持主要帮扶政策总体稳定，细化落实过渡期各项帮扶政策，开展政策效果评估。

（2）拓展东西部协作工作领域，深化区县、村企、学校、医院等结对帮扶。

（3）在东西部协作和对口支援框架下，继续开展城乡建设用地增减挂钩节余指标跨省域调剂。

（4）持续做好中央单位定点帮扶工作。

（5）扎实做好脱贫人口小额信贷工作。

（6）创建消费帮扶示范城市和产地示范区，发挥脱贫地区农副产品网络销售平台作用。

第二节　推进乡村振兴做好三方面重点

一、乡村发展

1. 持续推进农村一二三产业融合发展

（1）鼓励各地拓展农业多种功能、挖掘乡村多元价值，重点发展农产品加工、乡村休闲旅游、农村电商等产业。

（2）支持农业大县聚焦农产品加工业，引导企业到产地发展粮油加工、食品制造。

（3）推进现代农业产业园和农业产业强镇建设，培育优势特色产业集群，继续支持创建一批国家农村产业融合发展示范园。

（4）实施乡村休闲旅游提升计划。

（5）支持农民直接经营或参与经营的乡村民宿、农家乐特色村（点）发展。

（6）将符合要求的乡村休闲旅游项目纳入科普基地和中小学学农劳动实践基地范围。

（7）实施“数商兴农”工程，推进电子商务进乡村。

（8）促进农副产品直播带货规范健康发展。

（9）开展农业品种培优、品质提升、品牌打造和标准化生产提升行动，推进食用农产品承诺达标合格证制度，完善全产业链质量安全追溯体系。

（10）加快落实保障和规范农村一二三产业融合发展用地政策。

2. 大力发展县域富民产业

（1）支持大中城市疏解产业向县域延伸，引导产业有序梯度转移。

（2）大力发展县域范围内比较优势明显、带动农业农村能力强、就业容量大的产业，推动形成“一县一业”发展格局。

（3）加强县域基层创新，强化产业链与创新链融合。

（4）加快完善县城产业服务功能，促进产业向园区集中、龙头企业做强做大。

（5）引导具备条件的中心镇发展专业化中小微企业集聚区，推动重点村发展乡村作坊、家庭工场。

3. 加强县域商业体系建设

（1）实施县域商业建设行动，促进农村消费扩容提质升级。

（2）加快农村物流快递网点布局，实施“快递进村”工程，鼓励发展“多站合一”的乡镇客货邮综合服务站、“一点多能”的村级寄递物流综合服务点，推进县乡村物流共同配送，促进农村客货邮融合发展。

（3）支持大型流通企业以县城和中心镇为重点下沉供应链。

（4）加快实施“互联网+”农产品出村进城工程，推动建立长期稳定的产销对接关系。

（5）推动冷链物流服务网络向农村延伸，整县推进农产品产地仓储保鲜冷链物流设施建设，促进合作联营、成网配套。

（6）支持供销合作社开展县域流通服务网络建设提升行动，建设县域集采集配中心。

4. 促进农民就地就近就业创业

（1）落实各类农民工稳岗就业政策。

（2）发挥大中城市就业带动作用。

（3）实施县域农民工市民化质量提升行动。

（4）鼓励发展共享用工、多渠道灵活就业，规范发展新就业形态，培育发展家政服务、物流配送、养老托育等生活性服务业。

（5）推进返乡入乡创业园建设，落实各项扶持政策。

（6）大力开展适合农民工就业的技能培训和新职业新业态培训。

（7）合理引导灵活就业农民工按规定参加职工基本医疗保险和城镇职工基本养老保险。

5. 推进农业农村绿色发展

（1）加强农业面源污染综合治理，深入推进农业投入品减量化，加强畜禽粪污资源化利用，推进农膜科学使用回收，支持秸秆综合利用。

（2）建设国家农业绿色发展先行区。

（3）开展农业绿色发展情况评价。

（4）开展水系连通及水美乡村建设。

（5）实施生态保护修复重大工程，复苏河湖生态环境，加强天然林保护修复、草原休养生息。科学推进国土绿化。

（6）支持牧区发展和牧民增收，落实第三轮草原生态保护补助奖励政策。

（7）研发应用减碳增汇型农业技术，探索建立碳汇产品价值实现机制。

（8）实施生物多样性保护重大工程。

（9）巩固长江禁渔成果，强化退捕渔民安置保障，加强常态化执法监管。

（10）强化水生生物养护，规范增殖放流。

（11）构建以国家公园为主体的自然保护地体系。

（12）出台推进乡村生态振兴的指导意见。

二、乡村建设

1. 健全乡村建设实施机制

（1）落实乡村振兴为农民而兴、乡村建设为农民而建的要求，坚持自下而上、村民自治、农民参与，启动乡村建设行动实施方

案，因地制宜、有力有序推进。

（2）坚持数量服从质量、进度服从实效，求好不求快，把握乡村建设的时度效。

（3）立足村庄现有基础开展乡村建设，不盲目拆旧村、建新村，不超越发展阶段搞大融资、大开发、大建设，避免无效投入造成浪费，防范村级债务风险。

（4）统筹城镇和村庄布局，科学确定村庄分类，加快推进有条件有需求的村庄编制村庄规划，严格规范村庄撤并。

（5）开展传统村落集中连片保护利用示范，健全传统村落监测评估、警示退出、撤并事前审查等机制。保护特色民族村寨。

（6）实施“拯救老屋行动”。

（7）推动村庄小型建设项目简易审批，规范项目管理，提高资金绩效。

（8）总结推广村民自治组织、农村集体经济组织、农民群众参与乡村建设项目的有效做法。

（9）明晰乡村建设项目产权，以县域为单位组织编制村庄公共基础设施管护责任清单。

2. 接续实施农村人居环境整治提升五年行动

（1）从农民实际需求出发推进农村改厕，具备条件的地方可推广水冲卫生厕所，统筹做好供水保障和污水处理；不具备条件的可建设卫生旱厕。

（2）巩固户厕问题摸排整改成果。

（3）分区分类推进农村生活污水治理，优先治理人口集中村庄，不适宜集中处理的推进小型化生态化治理和污水资源化利用。

（4）加快推进农村黑臭水体治理。

（5）推进生活垃圾源头分类减量，加强村庄有机废弃物综合处置利用设施建设，推进就地利用处理。

（6）深入实施村庄清洁行动和绿化美化行动。

3. 扎实开展重点领域农村基础设施建设

（1）有序推进乡镇通三级及以上等级公路、较大人口规模自然村（组）通硬化路，实施农村公路安全生命防护工程和危桥改造。

（2）扎实开展农村公路管理养护体制改革试点。

（3）稳步推进农村公路路况自动化检测。

（4）推进农村供水工程建设改造，配套完善净化消毒设施设备。

（5）深入实施农村电网巩固提升工程。

（6）推进农村光伏、生物质能等清洁能源建设。

（7）实施农房质量安全提升工程，继续实施农村危房改造和抗震改造，完善农村房屋建设标准规范。

（8）加强对用作经营的农村自建房安全隐患整治。

4. 大力推进数字乡村建设

（1）推进智慧农业发展，促进信息技术与农机农艺融合应用。

（2）加强农民数字素养与技能培训。

（3）以数字技术赋能乡村公共服务，推动“互联网+政务服务”向乡村延伸覆盖。

（4）着眼解决实际问题，拓展农业农村大数据应用场景。

（5）加快推动数字乡村标准化建设，研究制定发展评价指标体系，持续开展数字乡村试点。

（6）加强农村信息基础设施建设。

5. 加强基本公共服务县域统筹

（1）加快推进以县城为重要载体的城镇化建设。

（2）加强普惠性、基础性、兜底性民生建设，推动基本公共服务供给由注重机构行政区域覆盖向注重常住人口服务覆盖转变。

（3）实施新一轮学前教育行动计划，多渠道加快农村普惠性学前教育资源建设，办好特殊教育。

（4）扎实推进城乡学校共同体建设。

（5）深入推进紧密型县域医疗卫生共同体建设，实施医保按总额付费，加强监督考核，实现结余留用、合理超支分担。

（6）推动农村基层定点医疗机构医保信息化建设，强化智能监控全覆盖，加强医疗保障基金监管。

（7）落实对特殊困难群体参加城乡居民基本医保的分类资助政策。

（8）有条件的地方可提供村卫生室运行经费补助，分类落实村医养老保障、医保等社会保障待遇。

（9）提升县级敬老院失能照护能力和乡镇敬老院集中供养水平，鼓励在有条件的村庄开展日间照料、老年食堂等服务。

（10）加强乡镇便民服务和社会工作服务，实施村级综合服务设施提升工程。

（11）健全分层分类的社会救助体系，切实保障困难农民群众基本生活。

（12）健全基层党员、干部关爱联系制度，经常探访空巢老人、留守儿童、残疾人。

（13）完善未成年人关爱保护工作网络。

三、乡村治理

1. 加强农村基层组织建设

（1）强化县级党委抓乡促村职责，深化乡镇管理体制改革，健全乡镇党委统一指挥和统筹协调机制，加强乡镇、村集中换届后领导班子建设，全面开展农村基层干部乡村振兴主题培训。

（2）持续排查整顿软弱涣散村党组织。

（3）发挥驻村第一书记和工作队抓党建促乡村振兴作用。

（4）完善村级重要事项、重大问题经村党组织研究讨论机制，全面落实“四议两公开”制度。

（5）深入开展市县巡察，强化基层监督，加强基层纪检监察组

织与村务监督委员会的沟通协作、有效衔接，强化对村干部的监督。

（6）健全党组织领导的自治、法治、德治相结合的乡村治理体系，推行网格化管理、数字化赋能、精细化服务。

（7）推进村委会规范化建设。

（8）深化乡村治理体系建设试点示范。

（9）开展村级议事协商创新实验。

（10）推广村级组织依法自治事项、依法协助政府工作事项等清单制，规范村级组织机构牌子和证明事项，推行村级基础信息统计“一张表”制度，减轻村级组织负担。

2. 创新农村精神文明建设有效平台载体

（1）依托新时代文明实践中心、县级融媒体中心等平台开展对象化分众化宣传教育，弘扬和践行社会主义核心价值观。

（2）在乡村创新开展“听党话、感党恩、跟党走”宣传教育活动。

（3）探索统筹推动城乡精神文明融合发展的具体方式，完善全国文明村镇测评体系。

（4）启动实施文化产业赋能乡村振兴计划。

（5）整合文化惠民活动资源，支持农民自发组织开展村歌、“村晚”、广场舞、趣味运动会等体现农耕农趣农味的文化体育活动。

（6）办好中国农民丰收节。

（7）加强农耕文化传承保护，推进非物质文化遗产和重要农业文化遗产保护利用。

（8）推广积分制等治理方式，有效发挥村规民约、家庭家教家风作用，推进农村婚俗改革试点和殡葬习俗改革，开展高价彩礼、大操大办等移风易俗重点领域突出问题专项治理。

3. 切实维护农村社会平安稳定

（1）推进更高水平的平安法治乡村建设。

（2）创建一批“枫桥式公安派出所”“枫桥式人民法庭”。

（3）常态化开展扫黑除恶斗争，持续打击“村霸”。

（4）防范黑恶势力、家族宗族势力等对农村基层政权的侵蚀和影响。

（5）依法严厉打击农村黄赌毒和侵害农村妇女儿童人身权利的违法犯罪行为。

（6）加强农村法治宣传教育。

（7）加强基层社会心理服务和危机干预，构建一站式多元化矛盾纠纷化解机制。

（8）加强农村宗教工作力量。

（9）统筹推进应急管理与乡村治理资源整合，加快推进农村应急广播主动发布终端建设，指导做好人员紧急转移避险工作。

（10）开展农村交通、消防、安全生产、自然灾害、食品药品

安全等领域风险隐患排查和专项治理，依法严厉打击农村制售假冒伪劣农资、非法集资、电信诈骗等违法犯罪行为。

（11）加强农业综合行政执法能力建设。

（12）落实基层医疗卫生机构疾病预防控制责任。

（13）健全农村新冠肺炎疫情常态化防控工作体系，严格落实联防联控、群防群控措施。

第三节　推进乡村振兴实现“两新”

一、乡村振兴取得新进展

1. 扩大乡村振兴投入

继续把农业农村作为一般公共预算优先保障领域，中央预算内投资进一步向农业农村倾斜，压实地方政府投入责任。加强考核监督，稳步提高土地出让收入用于农业农村的比例。为乡村振兴提供有力的资金保障。

2. 强化乡村振兴金融服务

对机构法人在县域、业务在县域、资金主要用于乡村振兴的地方法人金融机构，加大支农支小再贷款、再贴现支持力度，实施更加优惠的存款准备金政策。

加强农村金融知识普及教育和金融消费权益保护。积极发展农业保险和再保险。优化完善“保险+期货”模式。强化涉农信贷风险市场化分担和补偿，发挥好农业信贷担保作用。

3. 加强乡村振兴人才队伍建设

（1）启动“神农英才”计划，加快培养农业科技领军人才、青年科技人才和高水平创新团队。

（2）深入推行科技特派员服务制度。

（3）实施高素质农民培育计划、乡村产业振兴带头人培育“头雁”项目、乡村振兴青春建功行动、乡村振兴巾帼行动。

（4）培养乡村规划、设计、建设、管理专业人才和乡土人才。鼓励地方出台城市人才下乡服务乡村振兴的激励政策。

4. 抓好农村改革重点任务落实

（1）开展第二轮土地承包到期后再延长30年整县试点。

（2）巩固提升农村集体产权制度改革成果，探索建立农村集体资产监督管理服务体系，探索新型农村集体经济发展路径。

（3）稳慎推进农村宅基地制度改革试点，规范开展房地一体宅基地确权登记。

（4）稳妥有序推进农村集体经营性建设用地入市。

5. 抓点带面推进乡村振兴全面展开

（1）开展“百县千乡万村”乡村振兴示范创建，采取先创建后认定方式，分级创建一批乡村振兴示范县、示范乡镇、示范村。

（2）按规定建立乡村振兴表彰与激励制度。

二、农业农村现代化迈出新步伐

1. 大力推进种源等农业关键核心技术攻关

（1）推进种业领域国家重大创新平台建设。

（2）启动农业生物育种重大项目。

（3）加快实施农业关键核心技术攻关工程，实行“揭榜挂帅”“部省联动”等制度，开展长周期研发项目试点。强化现代农业产业技术体系建设。

2. 有效防范应对农业重大灾害

（1）强化农业农村、水利、气象灾害监测预警体系建设，增强极端天气应对能力。

（2）加强基层动植物疫病防控体系建设，落实属地责任，配齐配强专业人员，实行定责定岗定人，确保非洲猪瘟、草地贪夜蛾等动植物重大疫病防控责有人负、活有人干、事有人管。做好人兽共患病源头防控。

3. 抓点带面推进乡村振兴全面展开

推进农业现代化示范区创建。

【想一想】

1. 2022 年的重点工作分哪些方面？如何推进？

2. 中央一号文件聚焦牢牢守住两条底线，具体是哪两条底线？

主要参考文献

毕玉霞，2022. 生态旅游经济发展模式与路径研究［J］. 中国商论（12）：3.

曹斌，2018. 乡村振兴的日本实践：背景、措施与启示［J］. 中国农村经济（8）：117-129.

陈东旭，2017.“标准化+品牌化”驱动下的特色农业发展模式［J］. 贵州农业科学，45（8）：142-145.

陈欣然，保振波，王树锋，2021. 全产业链视域的农业产业化模式与实施路径［J］. 生产力研究（3）：5.

付洪良，2021. 新时代乡村生态产业化的发展路径与促进机制——以浙江实践为例［J］. 湖州师范学院学报，41（9）：10-15.

贾若梅，2022. 乡村振兴战略下生态富民的逻辑理路及其中国经验［J］. 大连干部学刊，38（4）：7.

李军红，2019. 文化产业助力乡村振兴战略：机理·模式·路径［J］. 齐鲁艺苑（山东艺术学院学报）（3）：110-115.

李艺秋，2018.“艺术 + 乡建”建设模式初探——基于山西许村国际艺术公社的思考［J］. 建筑工程技术与设计（30）：1.

刘晓静,2022. 农业生态环境下旅游经济的可持续发展［J］. 环境工程，40（2）：1.

刘燕群，宋启道，谢龙莲，2017. 德国农业社会化服务体系研究［J］. 热带农业科学，37（12）：119-122.

罗成雁，2021. 生态文化产业助推云南最美丽省份建设路径研究［J］. 中共云南省委党校学报，22（5）：11.

孟广文，HANS GEBHARDT，2011. 二战以来联邦德国乡村地区的发展与演变［J］. 地理学报，66（12）：1644-1656.

孙一玮，梁晓辉，2020. 生态文化视域下的河北文化产业发展研究［J］. 衡水学院学报，22（4）：4.

王长青，徐国庆，2020. 发达国家乡村振兴经验与启示［J］. 江苏农村经济（3）：31-34.

王恩杰，2021. 农业全产业链发展模式与保障措施［J］. 世界热带农业信息（9）：2.

王丽莎，2019. 县域生态文化产业思路研究［J］. 福建茶叶，41（10）：1.

王林龙，余洋婷，吴水荣，2018. 国外乡村振兴发展经验与启

示 [J]. 世界农业 (12): 168-171.

武小龙, 2020. 英国乡村振兴的政策框架与实践逻辑 [J]. 华南农业大学学报 (社会科学版), 19 (6): 23-33.

冼静怡, 马永强, 于纪锋, 2022. 生态产业化发展路径探索——基于漳平市上界村实践调研 [J]. 农村经济与科技, 33 (9): 5.

许正松, 徐彩瑶, 陆雨, 等, 2022. 中国生态扶贫的实践逻辑, 政策成效与机制创新 [J]. 林业经济问题, 42 (3): 8.

扬组, 2021. 让乡土人才成为乡村振兴生力军 [J]. 群众 (24): 2.

一诺农旅规划, 2021-10-18. 田园综合体 4 大共生发展模式及发展策略 [EB/OL]. https: //zhuanlan. zhihu. com/p/422624586.

于莲花, 高清芬, 2020. 物联网技术在智慧农业中的应用研究 [J]. 南方农机, 51 (22): 2.

余文权, 孙威江, 吴周章, 等, 2011. 农业产业链理论与实践研究进展 [J]. 亚热带农业研究, 7 (4): 277-283.

袁航, 陈励, 2022. 新时代农村党建高质量发展引领乡村振兴研究——以无锡市为例 [J]. 江南论坛 (3): 4.

张立, 王波, 2021. 韩国新村运动及其对我国实施乡村振兴战略的启示 [J]. 韩国研究论丛 (1): 179-191.

张雅菲，2022. 生态旅游规划与旅游业的可持续发展研究［J］. 环境科学与管理，47（5）：4.

赵晓飞，2020. 面向国家治理现代化的乡村振兴制度框架构建［J］. 中南民族大学学报（人文社会科学版），40（6）：121-128.

赵雅琳，2021. 国有林区的特色化林业生态经济发展模式探究［J］. 林业科技情报，53（3）：62-63.

郑芳，屠志芬，2019. 乡村文化产业发展：困境、契机与模式探索［J］. 长江师范学院学报（2）：9.

朱婷婷，2022. 5G+AI 赋能智慧农业应用研究［J］. 数字通信世界（5）：3.